Fundamento De Esperanto

L.-L. ZAMENHOF

Fundamento de Esperanto

GRAMATIKO, EKZERCARO, UNIVERSALA VORTARO

FRANCUJO. — HACHETTE et Cⁱᵉ, *PARIS*.

ANGLUJO. — ‹ REVIEW of REVIEWS ›, *LONDON*.
DANUJO. — ANDR.-FRED. HÖST & SÖN, *KJOBENHAVN*.
GERMANUJO. — MÖLLER & BOREL, *BERLIN*.
HISPANUJO. — J. ESPASA, *BARCELONA*.
ITALUJO. — RAFFAELLO GIUSTI, *LIVORNO*.
POLUJO. — M. ARCT, *WARSZAWA.*
SVEDUJO. — ESPERANTOFORENING, *STOCKHOLM*.

1906

KC 1624

Haverhill Public Library

FUNDAMENTO DE ESPERANTO

Antaŭparolo

Por ke lingvo internacia povu bone kaj regule progresadi kaj por ke ĝi havu plenan certecon, ke ĝi neniam disfalos kaj ia facilanima paŝo de ĝiaj amikoj estontaj ne detruos la laborojn de ĝiaj amikoj estintaj, — estas plej necesa antaŭ ĉio unu kondiĉo: la ekzistado de klare difinita, neniam tuŝebla kaj neniam ŝanĝebla **Fundamento** de la lingvo. Kiam nia lingvo estos oficiale akceptita de la *registaroj* de la plej ĉefaj regnoj kaj tiuj ĉi registaroj per speciala *leĝo* garantios al Esperanto tute certan vivon kaj uzatecon kaj plenan sendanĝerecon kontraŭ ĉiuj personaj kapricoj aŭ disputoj, tiam aŭtoritata komitato, interkonsente elektita de tiuj registaroj, havos la rajton fari en la fundamento de la lingvo unu fojon por ĉiam ĉiujn deziritajn ŝanĝojn, *se* tiaj ŝanĝoj montriĝos necesaj; sed *ĝis tiu tempo* la fundamento de Esperanto devas plej severe resti absolute senŝanĝa, ĉar severa netuŝebleco de nia fundamento estas la plej grava kaŭzo de nia ĝisnuna progresado kaj la plej grava kondiĉo por nia regula kaj paca progresado estonta. *Neniu persono kaj neniu societo devas havi la rajton arbitre fari en nia Fundamento iun* *eĉ plej malgrandan ŝanĝon!* Tiun ĉi tre gravan principon la esperantistoj volu ĉiam bone memori kaj kontraŭ la ektuŝo de tiu ĉi principo ili volu ĉiam energie batali, ĉar la momento, en kiu ni ektuŝus tiun principon, estus la komenco de nia morto.

Laŭ silenta interkonsento de ĉiuj esperantistoj jam de tre longa tempo la sekvantaj tri verkoj estas rigardataj kiel fundamento de Esperanto : 1.) La 16-regula *gramatiko* ; 2) la « *Universala Vortaro* » ; 3) la « *Ekzercaro* ». Tiujn ĉi tri verkojn la aŭtoro de Esperanto rigardadis ĉiam kiel *leĝojn* por li, kaj malgraŭ oftaj tentoj kaj delogoj li neniam permesis al si (almenaŭ *konscie*) eĉ la plej malgrandan pekon kontraŭ tiuj ĉi leĝoj ; li esperas, ke pro la bono de nia afero ankaŭ ĉiuj aliaj esperantistoj ĉiam rigardados tiujn ĉi tri verkojn kiel la solan leĝan kaj netuŝeblan fundamenton de Esperanto.

Por ke ia regno estu forta kaj glora kaj povu sane disvolviĝadi, estas necese, ke ĉiu regnano sciu, ke li neniam dependos de la kapricoj de tiu aŭ alia persono, sed devas obei ĉiam nur klarajn, tute difinitajn fundamentajn *leĝojn* de sia lando, kiuj estas egale devigaj por la regantoj kaj regatoj kaj en kiuj neniu havas la rajton fari arbitre laŭ persona bontrovo ian ŝanĝon aŭ aldonon. Tiel same por ke nia afero bone progresadu, estas necese, ke ĉiu esperantisto havu la plenan certecon, ke leĝdonanto por li ĉiam estos ne ia *persono*, sed ia klare difinita *verko*. Tial, por meti finon al ĉiuj malkompreniĝoj kaj disputoj, kaj por ke ĉiu esperantisto sciu tute klare, per kio li devas en ĉio sin gvidi, la aŭtoro de Esperanto decidis nun eldoni en formo de unu libro tiujn tri verkojn, kiuj laŭ silenta interkonsento de ĉiuj esperantistoj jam de longe fariĝis fundamento por Esperanto, kaj li petas, ke la okulój de ĉiuj esperantistoj estu ĉiam turnataj ne al li, sed al *tiu ĉi libro*. Ĝis la tempo, kiam ia por ĉiuj aŭtoritata kaj nedisputebla institucio decidos alie, ĉio, kio troviĝas en tiu ĉi libro, devas esti rigardata kiel deviga por ĉiuj; ĉio, kio estas kontraŭ tiu ĉi libro, devas esti rigardata kiel malbona, se ĝi eĉ apartenus al la plumo de la aŭtoro de Esperanto mem. Nur la supre nomitaj tri verkoj publikigitaj en la libro « Fundamento de Esperanto », devas esti rigardataj kiel oficialaj; ĉio alia, kion mi verkis aŭ verkos, konsilas, korektas, aprobas k. t. p., estas nur verkoj *privataj*, kiujn la esperantistoj — se ili trovas tion ĉi utila por la unueco de nia afero — povas rigardadi kiel *modela*, sed ne kiel *deviga*.

Havante la karakteron de *fundamento*, la tri verkoj represitaj en tiu ĉi libro devas antaŭ ĉio esti *netuŝeblaj*. Tial la legantoj ne miru, ke ili trovos en la nacia traduko de diversaj vortoj en tiu ĉi libro (precipe en la angla parto) tute nekorektite tiujn samajn *erarojn*, kiuj sin trovis en la unua eldono de la « Universala Vortaro ». Mi permesis al mi nur korekti la *preserarojn*; sed se ia vorto estis erare aŭ nelerte *tradukita*, mi ĝin lasis en tiu ĉi libro tute senŝanĝe; ĉar se mi volus plibonigi, tio ĉi jam estus *ŝanĝo*, kiu povus kaŭzi disputojn kaj kiu en verko fundamenta ne povas esti tolerata. *La fundamento devas resti severe netuŝebla eĉ kune kun siaj eraroj*. La *erareco* en la nacia traduko de tiu aŭ alia vorto ne prezentas grandan malfeliĉon, ĉar, komparante la kuntekstan tradukon en la aliaj lingvoj, oni facile trovos la veran sencon de ĉiu vorto; sed senkompare pli grandan danĝeron prezentus la *ŝanĝado* de la traduko de ia vorto, ĉar, perdinte la severan netuŝeblecon, la verko perdus sian eksterordinare necesan karakteron de dogma fundamenteco, kaj, trovante en unu eldono alian tradukon ol en alia, la uzanto ne havus la certecon, ke mi morgaŭ ne faros ian alian ŝanĝon, kaj li perdus sian konfidon kaj apogon. Al ĉiu, kiu montros al mi ian nebonan esprimon en la Fundamenta libro, mi respondos trankvile : jes, ĝi estas eraro, sed ĝi devas resti netuŝebla, ĉar ĝi apartenas al la fundamenta dokumento, en kiu neniu havas la rajton fari ian ŝanĝon. »

La « Fundamento de Esperanto » tute ne devas esti rigardata kiel la plej bona lernolibro kaj vortaro de Esperanto. Ho, ne! Kiu volas *perfektiĝi* en Esperanto, al tiu mi rekomendas la diversajn lernolibrojn kaj vortarojn, multe *pli bonajn* kaj *pli vastajn*, kiuj estas eldonitaj de niaj plej kompetentaj amikoj por ĉiu nacio aparte kaj el kiuj la plej gravaj estas eldonitaj tre bone kaj zorgeme, sub mia persona kontrolo kaj kunhelpo. Sed la « Fundamento de Esperanto » devas troviĝi en la manoj de ĉiu bona esperantisto kiel konstanta *gvida dokumento*, por ke li bone ellernu kaj per ofta enrigardado konstante memorigadu al si, kio en nia lingvo estas oficiala kaj netuŝebla, por ke li povu ĉiam bone distingi la vortojn kaj regulojn *oficialajn*, kiuj devas troviĝi en ĉiuj lernoverkoj de Esperanto, de la vortoj kaj reguloj rekomendataj *private*, kiuj eble ne al ĉiuj esperantistoj estas konataj aŭ eble ne de ĉiuj estas aprobataj. La « Fundamento de Esperanto » devas troviĝi en la manoj de ĉiu esperantisto kiel konstanta *kontrolilo*, kiu gardos lin de deflankiĝado de la vojo de unueco.

Mi diris, ke la fundamento de nia lingvo devas esti absolute netuŝebla, se eĉ ŝajnus al ni, ke tiu aŭ alia punkto estas sendube erara. Tio ĉi povus naski la penson, ke nia lingvo restos ĉiam rigida kaj neniam disvolviĝos... Ho, ne! Malgraŭ la severa netuŝebleco de la fundamento, nia lingvo havos la plenan eblon ne sole konstante riĉiĝadi, sed eĉ konstante *pliboniĝadi* kaj *perfektiĝadi*; la netuŝebleco de la fundamento nur garantios al ni konstante, ke tiu perfektiĝado fariĝados ne per arbitra, interbatala kaj ruiniga *rompado* kaj *ŝanĝado*, ne per nuligado aŭ sentaŭgigado de nia ĝisnuna literaturo, sed per vojo *natura*, senkonfuza kaj sendanĝera. Pli detale mi parolos pri tio ĉi en la Bulonja kongreso; nun mi diros pri tio ĉi nur kelkajn vortojn, por ke mia opinio ne ŝajnu tro paradoksa :

1) *Riĉigadi* la lingvon per novaj vortoj oni povas jam *nun*. per konsiliĝado kun tiuj personoj, kiuj estas rigardataj kiel la plej aŭtoritataj en nia lingvo, kaj zorgante pri tio, ke ĉiuj uzu tiujn vortojn en la sama formo; sed tiuj ĉi vortoj devas esti nur rekomendataj, ne altrudataj; oni devas ilin uzadi nur en la *literaturo*; sed en korespondado kun personoj *nekonataj* estas bone ĉiam peni uzadi nur vortojn el la « Fundamento » ĉar nur pri tiaj vortoj ni povas esti certaj, ke nia adresato

ilin nepre trovos en sia vortaro. Nur iam poste, kiam la plej granda parto de la novaj vortoj estos jam tute matura, ia aŭtoritata institucio enkondukos ilin en la vortaron *oficialan*, kiel « *Aldonon al la Fundamento* »

2) Se ia aŭtoritata centra institucio trovos, ke tiu aŭ alia vorto aŭ regulo en nia lingvo estas *tro neoportuna*, ĝi ne devos *forigi* aŭ *ŝanĝi* la diritan formon, sed ĝi povos proponi formon *novan*, kiun ĝi rekomendos uzadi *paralele* kun la formo malnova. Kun la tempo la formo nova iom post iom elpuŝos la formon malnovan, kiu fariĝos *arĥaismo*, kiel ni tion ĉi vidas en ĉiu natura lingvo. Sed, prezentante parton de la *fundamento*, tiuj ĉi arĥaismoj neniam estos eljetitaj, sed ĉiam estos presataj en ĉiuj lernolibroj kaj vortaroj samtempe kun la formoj novaj, kaj tiamaniere ni havos la certecon, ke eĉ ĉe la plej granda perfektiĝado la unueco de Esperanto neniam estos rompata kaj neniu verko Esperanta eĉ el la plej frua tempo iam perdos sian valoron kaj kompreneblecon por la estontaj generacioj.

Mi montris en *principo*, kiamaniere la severa netuŝebleco de la « Fundamento » gardos ĉiam la unuecon de nia lingvo, ne malhelpante tamen al la lingvo ne sole riĉiĝadi, sed eĉ konstante *perfektiĝadi*. Sed en la *praktiko* ni (pro kaŭzoj jam multajn fojojn priparolitaj) devas kompreneble esti *tre singardaj* kun ĉia «perfektigado» de la lingvo: a) ni devas tion ĉi fari ne facilanime, sed nur en okazoj de efektiva *neceseco*; b) fari tion ĉi (post matura prijuĝado) povas ne apartaj personoj, sed nur ia centra institucio, kiu havos nedisputeblan aŭtoritatecon por la tuta esperantistaro.

ANTAŬPAROLO

Mi finas do per la jenaj vortoj :

1. pro la unueco de nia afero ĉiu bona esperantisto devas antaŭ ĉio bone koni la *fundamenton* de nia lingvo ;

2. la fundamento de nia lingvo devas resti por ĉiam *netuŝebla*;

3. ĝis la tempo kiam aŭtoritata centra instilucio decidos *pligrandigi* (neniam *ŝanĝi*!) la ĝisnunan fundamenton per oficialigo de novaj vortoj aŭ reguloj, ĉio bona, kio ne troviĝas en la « Fundamento de Esperanto », devas esti rigardata ne kiel deviga, sed nur kiel *rekomendata*.

La ideoj, kiujn mi supre esprimis pri la Fundamento de Esperanto, prezentas dume nur mian *privatan* opinion. Leĝan sankcion ili ricevos nur en tia okazo, se ili estos akceptitaj de la unua internacia kongreso de esperantistoj, al kiu tiu ĉi verko kune kun sia antaŭparolo estos prezentita.

L. Zamenhof.

Varsovio, Julio 1905.

FUNDAMENTA GRAMATIKO
DE LA LINGVO ESPERANTO
EN KVIN LINGVOJ

GRAMMAIRE

A) ALPHABET

Aa, Bb, Cc, Ĉĉ, Dd, Ee, Ff,
a   b   ts (tsar)   tch (tchèque)   d   é   f

Gg, Ĝĝ, Hh, Ĥĥ, Ii, Jj, Ĵĵ,
g dur (gant)   dj (adjudant)   h légèrement aspiré   h fortement aspiré   i   y (yeux)   j

Kk, Ll, Mm, Nn, Oo, Pp, Rr,
k   l   m   n   ô   p   r

Ss, Ŝŝ, Tt, Uu, Ŭŭ, Vv, Zz.
ss, ç   ch (chat)   t   ou   ou bref (dans l'allemand „laut,,)   v   z

Remarque. — Les typographies qui n'ont pas les caractères ĉ, ĝ, ĥ, ĵ, ŝ, ŭ, peuvent les remplacer par *ch, gh, hh, jh, sh, u*.

B) PARTIES DU DISCOURS

1. L'Esperanto n'a qu'un **article défini** (*la*), invariable pour tous les genres, nombres et cas. Il n'a pas d'article indéfini.

Remarque. — L'emploi de l'article est le même qu'en français ou en allemand. Mais les personnes auxquelles il présenterait quelque difficulté peuvent fort bien ne pas s'en servir.

2. Le **substantif** finit toujours par *o*. Pour former le pluriel on ajoute *j* au singulier. La langue n'a que deux cas : le *nominatif* et *l'accusatif*. Ce dernier se forme du nominatif par l'addition d'un *n*. Les autres cas sont marqués par des prépositions : le *génitif* par *de* (de), le *datif* par *al* (à), l'*ablatif* par *per* (par, au moyen de) ou par d'autres prépositions, selon le sens. Ex. : *la patr'o* — le père, *al la patr'o* — au père, *de la patr'o* — du père, *la patr'o'n* — le père (à l'accusatif, c.-à-d. complément direct), *per la patr'o'j* — par les pères ou au moyen des pères, *la patr'o'j'n*—les pères (accus. plur.), *por la patr'o* — pour le père, *kun la patr'o* — avec le père, etc.

3. L'**adjectif** finit toujours par *a*. Ses cas et ses nombres se marquent de la même manière que ceux du substantif. Le *comparatif* se forme à l'aide du mot *pli* — plus, et le *superlatif* à l'aide du mot *plej* — le plus. Le ,,que" du comparatif se traduit par ,,ol" et le ,,de" du superlatif par ,,el" (d'entre). Ex. : *pli blank'a ol neĝ'o* — plus blanc que neige ; *mi hav'as la plej bel'a'n patr'in'o'n el ĉiu'j* j'ai la plus belle mère de toutes.

4. Les *adjectifs* **numéraux** *cardinaux* sont invariables : *unu* (1), *du* (2), *tri* (3), *kvar* (4), *kvin* (5), *ses* (6), *sep* (7), *ok* (8), *naŭ* (9), *dek* (10), *cent* (100), *mil* (1000). Les dizaines et les centaines se forment par la simple réunion des dix premiers nombres. Aux adjectifs numéraux cardinaux on ajoute : la terminaison (*a*) de l'adjectif, pour les *numéraux ordinaux* ; *obl*, pour les *numéraux multiplicatifs* ; *on*, pour les numéraux *fractionnaires* ; *op*, pour les numéraux *collectifs*. On met *po* avant ces nombres pour marquer les numéraux *distributifs*. Enfin, dans la langue, les adjectifs numéraux peuvent s'employer substantivement ou adverbialement. Ex. : *Kvin'cent tri'dek tri* — 533 ; *kvar'a* — 4me ; *tri'obl'a* — triple ; *kvar'on'o* — un quart ; *du'op'e* — à deux ; *po kvin* — au taux de cinq (chacun) ; *unu'o* — (l')unité ; *sep'e* — septièmement.

5. Les **pronoms** personnels sont : *mi* (je, moi), *vi* (vous, tu, toi), *li* (il, lui), *ŝi* (elle), *ĝi* (il, elle, pour les animaux ou les choses), *si* (soi), *ni* (nous), *ili* (ils, elles), *oni* (on). Pour en faire des adjectifs ou des pronoms possessifs, on ajoute la terminaison (*a*) de l'adjectif. Les pronoms se déclinent comme le substantif. Ex. : *mi'n* — moi, me (accus.), *mi'a* — mon, *la vi'a'j* — les vôtres.

6. Le **verbe** ne change ni pour les personnes, ni pour les nombres. Ex. : *mi far'as* — je fais, *la patr'o far'as* — le père fait, *ili far'as* — ils font.

Formes du verbe :

a) Le *présent* est caractérisé par *as* ; ex. : *mi far'as* — je fais.

b) Le *passé*, par *is* : *vi far'is* — vous faisiez, vous avez fait.

c) Le *futur*, par *os* : *ili far'os* — ils feront.

ĉ) Le *conditionnel*, par *us* : *ŝi far'us* — elle ferait.

d) L'*impératif*, par *u* : *far'u* — fais, faites ; *ni far'u* — faisons.

e) L'*infinitif*, par *i* : *far'i* — faire.

f) Le *participe présent actif*, par *ant* : *far'ant'a* — faisant, *far'ant'e* — en faisant.

g) Le *participe passé actif*, par *int*: *far'int'a* — ayant fait.

ĝ) Le *participe futur actif*, par *ont*: *far'ont'a* — devant faire, qui fera.

h) Le *participe présent passif*, par *at* : *far'at'a* — étant fait, qu'on fait.

ĥ) Le *participe passé passif*, par *it*: *far'it'a* — ayant été fait, qu'on a fait.

i) Le *participe futur passif*, par *ot*: *far'ot'a* — devant être fait, qu'on fera.

La voix passive n'est que la combinaison du verbe *est* (être) et du participe présent ou passé du verbe passif donné. Le ,,de" ou le ,,par" du complément indirect se rendent par *de*. Ex. : *ŝi est'as am'at'a de ĉiu'j* — elle est aimée de tous (part. prés. : la chose se fait). *La pord'o est'as ferm'it'a'* — la porte est fermée (part. pas. : la chose a été faite).

7. L'**adverbe** est caractérisé par *e*. Ses degrés de comparaison se marquent de la même manière que ceux de l'adjectif. Ex. : *mi'a frat'o pli bon'e kant'as ol mi* — mon frère chante mieux que moi.

8. Toutes les **prépositions** veulent, par elles-mêmes, le nominatif.

C) RÈGLES GÈNÈRALES

9. Chaque mot se prononce absolument comme il est écrit.

10. L'accent tonique se place toujours sur l'avant-dernière syllabe.

11. Les mots composés s'obtiennent par la simple réunion des éléments qui les forment, écrits ensemble, mais séparés par de petits traits[1]). Le mot fondamental doit toujours être à la fin. Les terminaisons grammaticales sont considérées comme des mots. Ex. : *vapor' ŝip'o* (bateau à vapeur) est formé de : *vapor* — vapeur, *ŝip* — bateau, *o* — terminaison caractéristique du substantif.

12. S'il y a dans la phrase un autre mot de sens négatif, l'adverbe „ne " se supprime. Ex.: *mi neniam vid'is* — je n'ai jamais vu.

13. Si le mot marque le lieu où l'on va, il prend la terminaison de l'accusatif. Ex. : *kie vi est'as?* — où êtes-vous? *kie'n vi ir'as?* — où allez-vous? *Mi ir'as Pariz'o'n* — je vais à Paris.

14. Chaque préposition possède, en Esperanto, un sens immuable et bien déterminé, qui en fixe l'emploi. Cependant, si le choix de celle-ci plutôt que de celle-là ne s'impose pas clairement à l'esprit, on fait usage de la préposition *je* qui n'a pas de signification propre. Ex. : *ĝoj'i je tio* — s'en réjouir, *rid'i je tio* — en rire, *enu'o je la patr'uj'o* — regret de la patrie.

La clarté de la langue n'en souffre aucunement, car, dans toutes, on emploie, en pareil cas, une préposition quelconque, pourvu qu'elle soit sanctionnée par l'usage. L'Esperanto adopte pour cet office la seule préposition *je*.

A sa place on peut cependant employer aussi l'accusatif sans préposition, quand aucune amphibologie n'est à craindre.

---

1. Dans les lettres ou dans les ouvrages qui s'adressent à des personnes connaissant déjà la langue, on peut omettre ces petits traits. Ils ont pour but de permettre à tous de trouver aisément, dans le dictionnaire, le sens précis de chacun des éléments du mot, et d'en obtenir ainsi la signification complète, sans aucune étude préalable de la grammaire.

15. Les mots ,, étrangers " c.-à-d. ceux que la plupart des langues ont empruntés à la même source, ne changent pas en Esperanto. Ils prennent seulement l'orthographe et les terminaisons grammaticales de la langue. Mais quand, dans une catégorie, plusieurs mots différents dérivent de la même racine, il vaut mieux n'employer que le mot fondamental, sans altération, et former les autres d'après les règles de la langue internationale. Ex. : tragédie — *tragedi'o*, tragique — *tragedi'a.*

16. Les terminaisons des substantifs et de l'article peuvent se supprimer et se remplacer par une apostrophe. Ex. : *Ŝiller'* (Schiller) au lieu de *Ŝiller'o*; *de l'mond'o* au lieu de *de la mond'o.*

GRAMMAR

A) THE ALPHABET

Aa, a as in „last"	**Bb,** b as in „be"	**Cc,** ts as in „wits"	**Ĉĉ,** ch as in „church"	**Dd,** d as in „do"	**Ee,** a as in „make"	**Ff,** f as in „fly"
Gg, g as in „gun"	**Ĝĝ,** j as in „join"	**Hh,** h as in „half"	**Ĥĥ,** strongly aspirated h, „ch" in „loch" (scotch)	**Ii,** i as in „marine"	**Jj,** y as in „yoke"	**Ĵĵ,** z as in „azure"
Kk, k as in „key"	**Ll,** l as in „line"	**Mm,** m as in „make"	**Nn,** n as in „now"	**Oo,** o as in „not"	**Pp,** p as in „pair"	**Rr,** r as in „rare"
Ss, s as in „see"	**Ŝŝ,** sh as in „show"	**Tt,** t as in „tea"	**Uu,** u as in „bull"	**Ŭŭ,** u as in „mount" (used in diphthongs)	**Vv,** v as in „very"	**Zz,** z as in „zeal"

Remark — If it be found impraticable to print works with the diacritical signs (^,˘), the letter h may be substituted for the sign (^), and the sign (˘), may be altogether omitted.

B) PARTS OF SPEECH

1. There is no indefinite. and only one definite, article, *la*. for all genders, numbers, and cases.

2. Substantives are formed by adding *o* to the root. For the plural, the letter *j* must be added to the singular. There are two cases: the nominative and the objective (accusative). The root with the added *o* is the nominative, the objective adds an *n* after the *o*. Other cases are formed by prepositions; thus, the possessive (genitive) by *de*, "of"; the dative by *al*, "to", the instrumental (ablative) by *kun*, "with", or other preposition as the sense demands. E. g. root *patr*, "father"; *la patr'o*, "the father"; *la patr'o'n*, "the father" (objective), *de la patr'o*, "of the father"; *al la patr'o*, "to the father"; *kun la patr'o*, "with the father"; *la patr'o'j*, "the fathers"; *la patr'o'j'n*, "the fathers" (obj.), *por la patr'o'j*, "for the fathers".

3. Adjectives are formed by adding *a* to the root. The numbers and cases are the same as in substantives. The comparative degree is formed by prefixing *pli* (more); the superlative by *plej* (most). The word "than" is rendered by *ol*, e. g. *pli blank'a ol neĝ'o*, "whiter than snow".

4. The cardinal numerals do not change their forms for the different cases. They are:

unu (1), *du* (2), *tri* (3), *kvar* (4), *kvin* (5), *ses* (6), *sep* (7), *ok* (8), *naŭ* (9), *dek* (10), *cent* (100), *mil* (1000).

The tens and hundreds are formed by simple junction of the numerals, e. g. 583 = *kvin'cent tri'dek tri*.

Ordinals are formed by adding the adjectival *a* to the cardinals, e. g. *unu'a*, "first"; *du'a*, "second", etc.

Multiplicatives (as "threefold", "fourfold", etc.) add *obl*, e. g. *tri'obl'a*, "threefold".

Fractionals add *on*, as *du'on'o*, "a half"; *kvar'on'o*, "a quarter". Collective numerals add *op*, as *kvar'op'e*, "four together".

Distributive prefix *po*, e. g., *po kvin*, "five apiece".

Adverbials take *e*, e. g., *unu'e*, "firstly", etc.

5. The personal pronouns are: *mi*, I; *vi*, thou, you; *li*, he; *ŝi*, she; *ĝi*, it; *si*, "self"; *ni*, "we"; *ili*, "they"; *oni*, "one", "people", (French "on").

Possessive pronouns are formed by suffixing to the required personal, the adjectival termination. The declension of the pronouns is identical with that of substantives. E. g. *mi*, "I"; *mi'n*, "me" (obj.); *mi'a*, "my", "mine".

6. The verb does not change its form for numbers or persons, e. g. *mi far'as*, "I do"; *la patr'o far'as*, "the father does"; *ili far'as*, "they do".

Forms of the Verb :

a) The present tense ends in *as*, e. g. *mi far'as*, "I do".

b) The past tense ends in *is*, e. g. *li far'is*, "he did".

c) The future tense ends in *os*, e. g. *ili far'os*, "they will do".

ĉ) The subjunctive mood ends in *us*, e. g. *ŝi far'us*, "the may do".

d) The imperative mood ends in *u*, e. g. *ni far'u*, "let us do".

e) The infinitive mood ends in *i*, e. g. *fari*, "to do".

There are two forms of the participle in the international language, the changeable or adjectival, and the unchangeable or adverbial.

f) The present participle active ends in *ant*, e. g. *far'ant'a*, "he who is doing"; *far'ant'e*, "doing".

g) The past participle active ends in *int*, e. g. *far'int'a*, "he who has done"; *far'int'e*, "having done".

ĝ) The future participle active ends in *ont*, e. g. *far'ont'a*, "he who will do"; *far'ont'e*, "about to do".

h) The present participle passive ends in *at*, e. g. *far'at'e*, " being done ".

h̃) The past participle passive ends in *it*, e. g. *far'it'a*, "that which has been done "; *far'it'e*, " having been done ".

i) The future participle passive ends in *ot*, e. g. *far'ot'a*, " that which will be done "; *far'ot'e*, " about to be done ".

All forms of the passive are rendered by the respective forms of the verb *est* (to be) and the participle passive of the required verb; the preposition used is *de*, "by". E. g. *ŝi est'as am'at'a de ĉiu'j*, "she is loved by every one".

7. Adverbs are formed by adding *e* to the root. The degrees of comparison are the same as in adjectives, e. g., *mi'a frat'o kant'as pli bon'e ol mi*, "my brother sings better than I ".

8. All prepositions govern the nominative case.

C) GENERAL RULES

9. Every word is to be read exactly as written, there are no silent letters.

10. The accent falls on the last syllable but one, (penultimate).

11. Compound words are formed by the simple junction of roots, (the principal word standing last), which are written as a single word, but, in elementary works, separated by a small line ('). Grammatical terminations are considered as independent words. E. g. *vapor'ŝip'o*, " steamboat " is composed of the roots *vapor*, "steam", and *ŝip*, " a boat", with the substantival termination *o*.

12. If there be one negative in a clause, a second is not admissible.

13. In phrases answering the question "where?" (meaning direction), the words take the termination of the objective case; e. g. *kie'n vi ir'as?* "where are you going?"; "*dom'o'n*, "home"; *London'o'n*, "to London*", etc.

14. Every preposition in the international language has a definite fixed meaning. If it be necessary to employ some preposition, and it is not quite evident from the sense which it should be, the word *je* is used, which has no definite meaning; for example, *ĝoj'i je tio*, "to rejoice *over* it"; *rid'i je tio*, " to laugh *at* it"; *enu'o je la patr'uj'o*, a longing *for* one's fatherland". In every language different prepositions, sanctioned by usage, are employed in these dubious cases, in the international language, one word, *je*, suffices for all. Instead of *je*, the objective without a preposition may be used, when no confusion is to be feared.

15. The so-called "foreign" words, i. e. words which the greater number of languages have derived from the same source, undergo no change in the international language, beyond conforming to its system of orthography. — Such is the rule with regard to primary words, derivatives are better formed (from the primary word) according to the rules of the international grammar, e. g. *teatr'o*, "theatre", but *teatr'a*, "theatrical", (not *teatrical'a*), etc.

16. The *a* of the article, and final *o* of substantives, may be sometimes dropped euphoniae gratia, e. g. *de l' mond'o* for *de la mond'o*; *Ŝiller'* for *Ŝiller'o*; in such cases an apostrophe should be substituted for the discarded vowel.

Grammatik

A) Das Alphabet.

Aa,	Bb,	Cc,	Ĉĉ,	Dd,	Ee,	Ff,
a	b	c, z	tsch	d	e	f
Gg,	Ĝĝ,	Hh,	Ĥĥ,	Ii,	Jj,	Ĵĵ,
g	dsch	h	ch	i	j	sh, j
Kk,	Ll,	Mm,	Nn,	Oo,	Pp,	Rr,
k	l	m	n	o	p	r
Ss,	Ŝŝ,	Tt,	Uu,	Ŭŭ,	Vv,	Zz.
ss	sch	t	u	kurzes u	w	s (wie in „lesen")

Anmerkung: ĝ lautet wie das englische „g" in „gentleman"; ĵ — wie das französische „j" in „journal"; ŭ — wie das kurze „u" in „glauben" (wird nur nach einem Vokal gebraucht). Bei mangelnden Typen im Druck ersetzt man ĉ, ĝ, ĥ, ĵ, ŝ, ŭ durch ch, gh, hh, jh, sh, u.

B) Redetheile.

1. Der bestimmte **Artikel** ist la, für alle Geschlechter und Fälle, für die Einzahl und Mehrzahl. Einen unbestimmten Artikel gibt es nicht.

2. Das **Hauptwort** bekommt immer die Endung o. Der Plural bekommt die Endung j. Es gibt nur zwei Fälle: Nominativ und Akkusativ; der letztere entsteht aus dem Nominativ, indem die Endung n hinzugefügt wird. Die übrigen Fälle werden vermittelst der Präpositionen ausgedrückt: der Genitiv durch de (von), der Dativ durch al (zu), der Ablativ durch kun (mit), oder andere, dem Sinne entsprechende, Präpositionen. Z. B. la patr'o, der Vater; al la patr'o, dem Vater; la patr'o'n, den Vater; la patr'o'j'n, die Väter (Akkusativ).

3. Das **Eigenschaftswort** endet immer auf a. Deklination wie beim Substantiv. Der Komparativ wird mit Hülfe des Wortes pli (mehr), der Superlativ durch plej (am meisten) gebildet. Das Wort „als" heißt ol. Z. B.: pli blank'a ol neĝ'o, weißer als Schnee.

4. Die **Grundzahlwörter** (undeklinirbar) sind folgende: unu (1), du (2), tri (3), kvar (4), kvin (5), ses (6), sep (7), ok (8), naŭ (9), dek (10), cent (100), mil (1000). Zehner und Hunderte werden durch einfache Anreihung der Zahlwörter gebildet; z. B.: kvin'cent tri'dek tri = 533. Ordnungszahlwörter entstehen, indem sie die Endung des Adjektivs annehmen; z. B. kvar'a, vierter. Vervielfältigungszahlwörter — durch Einschiebung des Suffixes obl; z. B.: tri'obl'a, dreifach. Bruchzahlwörter — durch on; z. B. kvar'on'o, ein Viertel. Sammelzahlwörter — durch op; z. B. du'op'e, selbander. Distributive Zahlwörter — durch das Wort po; z. B. po kvin, zu fünf. Außerdem gibt es Substantiv- und Adverbialzahlwörter; z. B. cent'o, das Hundert, du'e, zweitens.

5. Die persönlichen **Fürwörter** sind: mi (ich), vi (du, Ihr), li (er), ŝi (sie), ĝi (es; von Thieren oder Sachen), si (sich), ni (wir), ili (sie [Mehrzahl]), oni (man). Possessive Pronomina werden durch die Hinzufügung der Endung des Adjektivs gebildet. Die Pronomina werden gleich den Substantiven deklinirt. Z. B.: mi'a, mein, mi'n, mich.

6. Das **Zeitwort** hat weder Personen noch Mehrzahl; z. B. mi far'as, ich mache; la patr'o far'as, der Vater macht; ili far'as, sie machen.

Formen des Zeitwortes:

a) Das **Präsens** endet auf as; z. B. mi far'as, ich mache.
b) Die vergangene **Zeit** — auf is; z. B. li far'is, er hat gemacht.
c) Das Futurum — auf os; z. B. ili far'os, sie werden machen.
c̀) Der Konditionalis — auf us; z. B. ŝi far'us, sie würde machen.
d) Der Imperativ — auf u; z. B. far'u, mache, macht; ni far'u, lasset uns machen.
e) Der Infinitiv — auf i; z. B. far'i, machen.
f) Partizipium präsentis aktivi — auf ant; z. B. far'ant'a, machender; far'ant'e, machend.
g) Partizipium perfekti aktivi — int; z. B. far'int'a, der gemacht hat.
ĝ) Partizipium futuri aktivi — ont; far'ont'a, der machen wird.
h) Partizipium präsentis passivi — at; z. B. far'at'a, der gemacht wird.
ĥ) Partizipium perfekti passivi — it; z. B. far'it'a, gemacht.
i) Partizipium futuri passivi — ot; z. B. far'ot'a, der gemacht werden wird.

Alle Formen des Passivs werden mit Hülfe der entsprechenden Form des Wortes est (sein) und des Partizipium paſſivi des gegebenen Zeitwortes gebildet, wobei die Präpoſition de gebraucht wird; z. B. ŝi est'as am'at'a de ĉiu'j, ſie wird von Allen geliebt.

7. Das **Adverbium** endet auf e; Komparation wie beim Adjektiv. Z. B. mi'a frat'o pli bon'e kant'as ol mi = mein Bruder ſingt beſſer als ich.

8. Alle **Präpoſitionen** regieren den Nominativ.

C) Allgemeine Regeln.

9. Jedes Wort wird geleſen ſo wie es geſchrieben ſteht.

10. Der Accent fällt immer auf die vorletzte Silbe.

11. Zuſammengeſetzte Wörter entſtehen durch einfache Anreihung der Wörter, indem man ſie durch hochſtehende Striche trennt¹. Das Grundwort kommt zuletzt. Grammatikaliſche Endungen werden als ſelbſtſtändige Wörter betrachtet. Z. B. vapor'ŝip'o (Dampfſchiff) beſteht aus vapor, Dampf, ŝip, Schiff, und o=Endung des Subſtantivs.

12. Wenn im Satze ein Wort vorkommt, das von ſelbſt eine verneinende Bedeutung hat, ſo wird die Negation ne weggelaſſen; z. B. mi nenio'n vid'is, ich habe Nichts geſehen.

13. Auf die Frage „wohin" nehmen die Wörter die Endung des Akkuſativs an; z. B. tie, da; tie'n, dahin; Varsovi'o'n, nach Warſchau.

14. Jede Präpoſition hat eine beſtimmte, feſte Bedeutung; iſt es aber aus dem Sinne des Satzes nicht erſichtlich,

---

1. Im Briefwechſel mit ſolchen Perſonen, die der internationalen Sprache ſchon mächtig ſind, oder in Werken, die für eben ſolche Perſonen beſtimmt ſind, fallen die hochſtehenden Striche zwiſchen den verſchiedenen Theilen der Wörter weg.

welche Präposition anzuwenden ist, so wird die Präposition je gebraucht, welche keine selbstständige Bedeutung hat; z. B. ĝoj'i je tio, sich darüber freuen; rid'i je tio, darüber lachen; enu'o je la patr'uj'o, Sehnsucht nach dem Vaterlande, ꝛc. Die Klarheit leidet keineswegs darunter, da doch dasselbe in allen Sprachen geschieht, nämlich, daß man in solchen Fällen eine beliebige Präposition gebraucht, wenn sie nur einmal angenommen ist. In der internationalen Sprache wird in solchen Fällen immer nur die eine Präposition je angewendet. Statt der Präposition je kann man auch den Akkusativ ohne Präposition gebrauchen, wo kein Doppelsinn zu befürchten ist.

15. Sogenannte Fremdwörter, d. h. solche Wörter, welche die Mehrheit der Sprachen aus einer und derselben fremden Quelle entlehnt hat, werden in der internationalen Sprache unverändert gebraucht, indem sie nur die internationale Orthographie annehmen; aber bei verschiedenen Wörtern, die eine gemeinsame Wurzel haben, ist es besser, nur das Grundwort unverändert zu gebrauchen, die abgeleiteten Wörter aber — nach den Regeln der internationalen Sprache zu bilden; z. B. Theater, teatr'o; theatralisch, teatr'a.

16. Die Endung des Substantivs und des Artikels kann ausgelassen werden, indem man dieselbe durch einen Apostroph ersetzt; z. B. Ŝiller', statt Ŝiller'o; de l'mond'o, statt de la mond'o.

ГРАММАТИКА

А) АЗБУКА

Aa,	Bb,	Cc,	Ĉĉ,	Dd,	Ee,	Ff,
а	б	ц	ч	д	э	ф
Gg,	Ĝĝ,	Hh,	Ĥĥ,	Ii,	Jj,	Ĵĵ,
г	дж	(г, х)	х	и	й	ж
Kk,	Ll,	Mm,	Nn,	Oo,	Pp,	Rr,
к	л	м	н	о	п	р
Ss,	Ŝŝ,	Tt,	Uu,	Ŭŭ,	Vv,	Zz.
с	ш	т	у	у (краткое)	в	з

Примѣчаніе I. Буква ĥ произносится какъ h въ языкахъ нѣмецкомъ, латинскомъ и другихъ; буква ŭ (которая употребляется только послѣ гласной), произносится какъ короткое u въ нѣмецкомъ словѣ **kaufen** или въ латинскомъ **laudo**. Лица, не знающія никакой другой азбуки кромѣ русской, могутъ на первыхъ порахъ произносить ĥ какъ русское х, а ŭ какъ русское у.

Примѣчаніе II. Типографіи, не имѣющія буквъ ĉ, ĝ, ĥ, ĵ, ŝ, ŭ, могутъ на первыхъ порахъ употреблять ch, gh, hh, jh, sh, u.

В) ЧАСТИ РѢЧИ

1. Члена неопредѣленнаго нѣтъ; есть только опредѣленный (**la**), одинаковый для всѣхъ родовъ, падежей и чиселъ.

Примѣчаніе. Употребленіе члена такое же, какъ въ языкахъ нѣмецкомъ, французскомъ и другихъ. Лица, для которыхъ употребленіе члена представляетъ трудности, могутъ совершенно его не употреблять.

2. Существительное всегда оканчивается на **о**. Для образованія множественнаго числа прибавляется окончаніе **j**. Падежей есть только два: именительный и винительный; послѣдній получается изъ именительнаго прибавленіемъ окрнчанія **n**. Остальные падежи выражаются помощью предлоговъ: для родительнаго—**de** (отъ), для дательнаго—**al** (къ), для творительнаго—**per** (посредствомъ) или другіе предлоги соотвѣтственно смыслу. (**Примѣры**: patr|o отецъ, al patr|o отцу, patr|o|n отца (винит. пад.), por patr|o|j для отцовъ, patr|o|j|n отцовъ, (винит. пад.).

3. Прилагательное всегда оканчивается на **а**. Падежи и числа какъ у существительнаго. Сравнительная степень образуется помощью слова pli (болѣе), а превосходная—plej (наиболѣе); слово „чѣмъ" переводится ol. (**Прим.**: pli blank|a ol neĝ|o бѣлѣе снѣга; mi hav|as la plej bon|a|n patr|in|o|n я имѣю самую лучшую мать).

4. Числительныя количественныя (не склоняются): unu (1), du (2), tri (3), kvar (4), kvin (5), ses (6), sep (7), ok (8), naŭ (9), dek (10), cent (100), mil (1000). Десятки и сотни образуются простымъ сліяніемъ числительныхъ. Для образованія порядковыхъ прибавляется окончаніе прилагательнаго; для множительныхъ—вставка **obl**, для дробныхъ—**on**, для собирательныхъ—**op**, для раздѣлительныхъ — слово **po**. Кромѣ того могутъ быть числительныя существительныя и нарѣчныя. (**Примѣры**: Kvin|cent tri|dek tri=533; kvar|a четвертый; unu|o единица; du|e во вторыхъ; tri|obl|a тройной, kvar|on|o четверть; du|op|e вдвоемъ; po kvin по пяти).

5. Мѣстоименія личныя: mi (я), vi (вы ты), li (онъ), ŝi (она), ĝi (оно; о вещи или о животномъ), si (себя), ni (мы), ili (они, онѣ), oni (безличное множественнаго числа); притяжательныя образуются прибавленіемъ окончанія прилагательнаго. Склоненіе какъ у существительныхъ (**Примѣры:** mi|n меня (винит.); mi|a мой).

6. Глаголъ по лицамъ и числамъ не измѣняется (наприм.: mi far|as я дѣлаю, la patr|o far|as отецъ дѣлаетъ, ili far|as они дѣлаютъ). Формы глагола:

a) Настоящее время принимаетъ окончаніе **as** (напримѣръ: mi far|as я дѣлаю).

b) Прошедшее—**is** (li far|is) онъ дѣлалъ).

c) Будущее—**os** (ili far|os они будутъ дѣлать).

ĉ) Условное наклоненіе—**us** (ŝi far|us она бы дѣлала).

d) Повелительное наклоненіе—**u** (far|u дѣлай, дѣлайте).

e) Неопредѣленное наклоненіе — **i** (far|i дѣлать).

Причастія (и дѣепричастія):

f) Дѣйствит. залога настоящаго времени — **ant** (far|ant|a дѣлающій, far|ant|e дѣлая).

g) Дѣйствит. залога прошедш. времени — **int** (far|int|a сдѣлавшій).

ĝ) Дѣйствит. залога будущ. времени—**ont** (far|ont|a который сдѣлаетъ).

h) Страдат. залога настоящ. времени—**at** (far|at|a дѣлаемый).

ĥ) Страдат. залога прошедш. времени—**it** (far|it|a сдѣланный).

i) Страдат. залога будущ. времени—**ot** (far|ot|a имѣющій быть сдѣланнымъ).

Всѣ формы страдательнаго залога образуются помощью соотвѣтственной формы глагола **est** (быть) и причастія страдательнаго залога даннаго глагола; предлогъ при этомъ употребляется **de** (**Примѣръ**: ŝi est|as am|at|a de ĉiu|j она любима всѣми).

7. **Нарѣчія** оканчиваются на **е**. Степени сравненія какъ у прилагательныхъ (**Примѣръ**: mi|a frat|o pli bon|e kant|as ol mi мой братъ лучше меня поетъ).

8. **Предлоги** всѣ требуютъ именительнаго падежа.

C) ОБЩІЯ ПРАВИЛА.

9. Каждое слово читается такъ, какъ оно написано.

10. Удареніе всегда находится на предпослѣднемъ слогѣ.

11. Сложныя слова образуются простымъ сліяніемъ словъ (главное на концѣ), которыя пишутся вмѣстѣ, но отдѣляются другъ отъ друга черточкой¹.) Грамматическія окончанія разсматриваются также какъ самостоятельныя слова (**Примѣръ**: vapor|ŝip|o, пароходъ—изъ **vapor** паръ, **ŝip** корабль, **о** окончаніе существительныхъ).

12. При другомъ отрицательномъ словѣ отрицаніе **ne** опускается (**Примѣръ**: mi neniam vid|is я никогда не видалъ).

13. На вопросъ „куда" слова принимаютъ окончаніе винительнаго падежа (**Примѣры**: tie тамъ — tie|n туда; Varsovi|o|n въ Варшаву).

---

¹) Въ письмахъ и сочиненіяхъ, назначенныхъ для лицъ, владѣющихъ уже международнымъ языкомъ, черточки между частями словъ не употребляются.

14. Каждый предлогъ имѣетъ опредѣленное постоянное значеніе; если же нужно употребить предлогъ, а прямой смыслъ не указываетъ, какой именно, то употребляется предлогъ **je**, который самостоятельнаго значенія не имѣетъ (**Примѣры**: ĝoj|i je tio радоваться этому; rid|i je tio смѣяться надъ этимъ; enu|o je la patr|uj|o тоска по родинѣ и т. д.).

Ясность отъ этого не страдаетъ, потому что во всѣхъ языкахъ въ этихъ случаяхъ употребляется какой угодно предлогъ, лишь бы обычай далъ ему санкцію; въ международномъ же языкѣ санкція на всѣ подобные случаи дана **одному** предлогу **je**.

Вмѣсто предлога **je** можно также употребить винительный падежъ.

15. Такъ называемыя „иностранныя" слова, т. е. такія, которыя большинствомъ языковъ взяты изъ одного чужого источника, употребляются въ международномъ языкѣ безъ измѣненія, принимая только орѳографію этого языка; но при различныхъ словахъ одного корня лучше употреблять безъ измѣненія только основное слово, а другія образовать по правиламъ международнаго языка (**Примѣръ**: театръ— **teatr|o**, но театральный—**teatr|a**).

16. Окончанія существительнаго и члена могутъ быть опущены и замѣнены апострофомъ (**Примѣры**: **dom'** вм. **dom|o**; **de l'mond|o** вм. **de la mond|o**.

GRAMATYKA

A) ABECADŁO

Aa,	Bb,	Cc,	Ĉĉ,	Dd,	Ee,	Ff,
a	b	c	cz	d	e	f
Gg,	Ĝĝ,	Hh,	Ĥĥ,	Ii,	Jj,	Ĵĵ,
g	dż	h	ch	i	j	ż
Kk,	Ll,	Mm,	Nn,	Oo,	Pp,	Rr,
k	l	m	n	o	p	r
Ss,	Ŝŝ,	Tt,	Uu,	Ŭŭ,	Vv,	Zz.
s	sz	t	u	u (krótkie)	w	z

U W A G A. — Drukarnia, nie posiadająca czcionek ze znaczkami, może zamiast Ĉ, Ĝ, Ĥ, Ĵ, Ŝ, Ŭ, drukować ch, gh, hh, jh, sh, u.

B) CZĘSCI MOWY

1. Przedimka nieokreślnego niema; jest tylko określny **la**, wspólny dla wszystkich rodzajów, przypadków i liczb.

2. Rzeczownik kończy się zawsze na **o**. Dla utworzenia liczby mnogiéj dodaje się końcówka **j**. Przypadków jest dwa: mianownik (nominativus) i biernik (accusativus); ten ostatni powstaje z mianownika przez dodanie zakończenia **n**. Resztę przypadków oddaje się za pomocą przyimków: dla dopełniacza (genitivus) —**de**

(od), dla **celownika** (dativus)—**al** (do), dla narzędnika (instrumentalis)—**per** (przez), lub inne przyimki odpowiednio do znaczenia. **Przykłady: patr/o** ojciec, **al patr/o** ojcu, **patr/o/n** ojca (przypadek czwarty), **por patr/o/j** dla ojców, **patro/j/n** ojców (przyp. czwarty).

3. Przymiotnik zawsze kończy się na **a**. Przypadki i liczby też same co dla rzeczownika. Stopień wyższy tworzy się przez dodanie wyrazu **pli** (więcéj), a najwyższy przez dodanie **plej** (najwięcéj); wyraz «niż» tłomaczy się przez **ol**. Przykład: **Pli blank/a ol neĝ/o** bielszy od śniegu.

4. Liczebniki główne nie odmieniają się: **unu** (1), **du** (2), **tri** (3), **kvar** (4), **kvin** (5), **ses** (6), **sep** (7), **ok** (8), **naŭ** (9), **dek** (10), **cent** (100), **mil** (1000). Dziesiątki i setki tworzą się przez proste połączenie liczebników. Dla utworzenia liczebników porządkowych dodaje się końcówka przymiotnika, dla wielorakich—przyrostek **obl**, dla ułamkowych — **on**, dla zbiorowych — **op**, dla podziałowych—wyraz **po**. Prócz tego mogą być liczebniki rzeczowne i przysłówkowe. **Przykłady: kvin/cent tri/dek tri**=533; **kvar/a** czwarty; **unu/o** jednostka; **du/e** powtóre; **tri/obl/a** potrójny, trojaki; **kvar/on/o** czwarta część; **du/op/e** we dwoje; **po kvin** po pięć.

5. Zaimki osobiste: **mi** (ja), **vi** (wy, ty) **li** (on), **si** (ona), **ĝi** (ono; o rzeczy lub zwierzęciu), **si** (siebie) **ni** (my), **ili** (oni, one), **oni** (zaimek nieosobisty liczby mnogiéj); dzierżawcze tworzą się przez dodanie końcówki przymiotnika. Zaimki odmieniają się jak rzeczowniki. **Przykłady: mi/n** mnie (przyp. czwarty); **mi/a** mój.

6. Słowo nie odmienia się przez osoby i liczby. Np. **mi far/as** ja czynię, **la patr/o far/as** ojciec czyni, **ili far/as** oni czynią. Formy słowa:

a) Czas teraźniejszy ma zakończenie **as**. (Przykład: **mi far/as** ja czynię).
b) Czas przeszły—**is** (**li far/is** on czynił).
c) Czas przyszły—**os** (**ili far/os** oni będą czynili).
ć) Tryb warunkowy—**us** (**ŝi far/us** ona by czyniła).
d) Tryb rozkazujący—**u** (**far/u** czyń, czyńcie).
e) Tryb bezokoliczny—**i** (**far/i** czynić).
Imiesłowy (odmienne i nieodmienne):
f) Imiesłów czynny czasu teraźniejszego—**ant** (**far/ant/a** czyniący, **far/ant/e** czyniąc).
g) Imiesłów czynny czasu przeszłego—**int** (**far/int/a** który uczynił).
ġ) Imiesłów czynny czasu przyszłego—**ont** (**far/ont/a** który uczyni).
h) Imiesłów bierny czasu teraźn. —**at** (**far/at/a** czyniony).
ħ) Imiesłów bierny czasu przeszłego—**it** (**far/it/a** uczyniony).
i) Imiesłów bierny czasu przyszłego — **ot** (**far/ot/a** mający być uczynionym).
Wszystkie formy strony biernéj tworzą się zapomocą odpowiedniéj formy słowa **est** być i imiesłowu biernego danego słowa; używa się przytem przyimka **de** (np. **ŝi est/as am/at/a de ĉiu/j** — ona kochana jest przez wszystkich).

7. Przysłówki mają zakończenie **e**. Stopniowanie podobnem jest do stopniowania przymiotników (np. **mi/a frat/o pli bon/e kant/as ol mi** — brat mój lepiej śpiewa odemnie).

8. Przyimki rządzą wszystkie przypadkiem pierwszym

C) PRAWIDŁA OGOLNE

9. Każdy wyraz tak się czyta, jak się pisze.
10. Akcent pada zawsze na przedostatnią zgłoskę.
11. Wyrazy złożone tworzą się przez proste połączenie wyrazów (główny na końcu). **Przykład: vapor/sip/o**, parostatek—z **vapor** para, **sip** okręt, o — końcówka rzeczownika.
12. Przy innym przeczącym wyrazie opuszcza się przysłówek przeczący ne (np. **mi neniam vid/is** nigdy nie widziałem).
13. Na pytanie «dokąd» wyrazy przybierają końcówkę przypadku czwartego (np. **tie** tam (w tamtem miejscu)—**tie/n** tam (do tamtego miejsca); **Varsovi/o/n** (do Warszawy).
14. Każdy przyimek ma określone, stałe znaczenie; jeżeli należy użyć przyimka w wypadkach, gdzie wybór jego nie wypływa z natury rzeczy, używany bywa przyimek **je**, który nie ma samoistnego znaczenia (np. **ĝoj/i je tio** cieszyć się z tego; **mal/san/a je la okul/o/j** chory na oczy; **enu/o je la patr/uj/o** tęsknota za ojczyzną i t. p. Jasność języka wcale wskutek tego nie szwankuje, albowiem w tym razie wszystkie języki używają jakiegokolwiek przyimka, byle go tylko zwyczaj uświęcił; w języku zaś międzynarodowym sankcja we wszystkich podobnych wypadkach nadaną została **jednemu** tylko przyimkowi **je**). Zamiast przmyika **je** używać też można przypadku czwartego bez przyimka tam, gdzie nie zachodzi obawa dwuznaczności.
15. Tak zwane wyrazy «cudzoziemskie» t. j. takie, które większość języków przyjęła z jednego obcego źródła, nie ulegają w języku międzynarodowym żadnej zmia-

nie, lecz otrzymują tylko pisownię międzynarodową; przy rozmaitych wszakże wyrazach jednego źródłosłowu, lepiéj używać bez zmiany tylko wyrazu pierwotnego, a inne tworzyć według prawideł języka międzynarodowego (np. **teatr/o**—teatr, lecz teatralny—**teatr/a**).

16. Końcówkę rzeczownika i przedimka można opuścić i zastąpić apostrofem (np. **Siller'zam. Siller/o; de l'mond/o** zamiast de la mond/o).

EKZERCARO

de la lingvo internacia «Esperanto»

§ 1.
ALFABETO

Aa, Bb, Cc, Ĉĉ, Dd, Ee, Ff,
Gg, Ĝĝ, Hh, Ĥĥ, Ii, Jj, Ĵĵ,
Kk, Ll, Mm, Nn, Oo, Pp, Rr,
Ss, Ŝŝ, Tt, Uu, Ŭŭ, Vv, Zz.

Aa, Bb, Cc, Ĉĉ, Dd, Ee, Ff,
Gg, Ĝĝ, Hh, Ĥĥ, Ii, Jj, Ĵĵ,
Kk, Ll, Mm, Nn, Oo, Pp, Rr,
Ss, Ŝŝ, Tt, Uu, Ŭŭ, Vv, Zz.

Nomoj de la literoj: a, bo, co, ĉo, do, e, fo, go, ĝo, ho, ĥo, i, jo, ĵo, ko, lo, mo, no, o, po, ro, so, ŝo, to, u, ŭo, vo, zo.

§ 2.
Ekzerco de legado.

Al. Bá-lo. Pát-ro. Nú-bo. Cé-lo. Ci-tró no. Cén-to. Sén-to. Scé-no. Sci-o. Có-lo. Kó-lo. O-fi-cí-ro. Fa-cí-la.

Lá-ca. Pa-cú-lo. Ĉar. Ĉe-mi-zo. Ĉi-ká-no. Ĉi-é-lo. Ĉu.
Fe-li-ĉa. Cí-a. Ĉí-a. Pro-cé-so. Sen-ĉé-sa. Ec. Eĉ. Ek.
Da. Lú-do. Dén-to. Plén-di. El. En. De. Té-ni. Sen.
Vé-ro. Fá-li. Fi-dé-la. Trá-fi. Gá-lo. Grán-da. Gén-to.
Gip-so. Gús-to. Lé-gi. Pá-go. Pá-ĝo. Ĝis. Ĝús-ta. Ré-ĝi.
Ĝar-dé-no. Lón-ga. Rég-no. Síg-ni. Gvar-dí-o. Lín-gvo.
Ĝu-á-do. Há-ro. Hi-rún-do. Há-ki. Ne-hé-la. Pac-hó-ro.
Ses-hó-ra. Bat-hú-fo. Hó-ro. Ĥó-ro. Kó-ro. Ĥo-lé-ro.
Ĥe-mí-o. I-mí-ti. Fí-lo. Bír-do. Tró-vi. Prin-tém-po.
Min. Fo-í-ro. Fe-í-no. I-el. I-am. In. Jam. Ju. Jes.
Ju-ris-to. Kra-jó-no. Ma-jés-ta. Tuj. Dó-moj. Ru-í-no.
Pŕúj-no. Ba-lá-i. Pá-laj. De-í-no. Véj-no. Pe-ré-i. Mál-
plej. Jús-ta. Jus. Ĵé-ti. Ĵa-lú-za. Ĵur-nálo. Má-jo. Bo-
ná-ĵo. Ká-po. Ma-kú-lo. Kés-to. Su-ké-ro. Ak-vo. Ko-ké-
to. Li-kvó-ro. Pac-ká-po.

§ 3.
Ekzerco de legado.

Lá-vi. Le-ví-lo. Pa-ró-li. Mem. Im-plí-ki. Em-ba-rá-so.
Nó-mo. In-di-fe-rén-ta. In-ter-na-cí-a. Ol. He-ró-i. He-
ro-í-no. Fój-no. Pí-a. Pál-pi. Ri-pé-ti. Ar-bá-ro. Sá-ma.
Stá-ri. Si-gé-lo. Sis-té-mo. Pe-sí-lo. Pe-zí-lo. Sén-ti.
So-fis-mo. Ci-pré-so. Ŝi. Pá-ŝo. Stá-lo. Ŝtá-lo. Vés-to.
Véŝ-to. Dis-ŝí-ri. Ŝan-cé-li. Ta-pí-ŝo. Te-o-rí-o. Pa-
tén-to. U-tí-la. Un-go. Plú-mo. Tu-múl-to. Plu. Lú-i.
Kí-u. Ba-lá-u. Tra-ú-lo. Pe-ré-u. Ne-ú-lo. Fráŭ-lo. Paŭ-
lí-no. Láŭ-di. Eŭ-ró-po. Tro-ú-zi. Ho-dí-aŭ. Vá-na.
Vér-so. Sól-vi. Zór-gi. Ze-ni-to. Zo-o-lo-gí-o. A-zé-no.
Me-zú-ro. Ná-zo. Tre-zó-ro. Mez-nók-to. Zú-mo. Sú-mo.
Zó-no. Só-no. Pé-zo. Pé-co. Pé-so. Ne-ni-o. A-dí-aŭ.
Fi-zi-ko. Ge-o-gra-fí-o. Spi-ri-to. Lip-há-ro. In-díg-ni.
Ne-ní-el. Spe-gú-lo. Ŝpí-no. Né-i. Ré-e. He-ró-o. Kon-

EKZERCARO 3

sci-i. Tra-e-té-ra. He-ro-é-to. Lú-e. Mó-le. Pá-le. Tra-
í-re. Pa-si-e. Me-tí-o. In-ĝe-ni-é-ro. In-sék-to. Re-sér-
vi. Re-zér-vi.

§ 4.
Ekzerco de legado.

Citrono. Cento. Sceno. Scio. Balau. Ŝanceli. Neniel. Embaraso. Zoologio. Reservi. Traire. Hodiaŭ. Disŝiri. Neulo. Majesta. Packapo. Heroino. Pezo. Internacia. Seshora. Cipreso. Stalo. Feino. Plu. Sukero. Gento. Indigni. Sigelo. Krajono. Ruino. Pesilo. Lipharo. Metio. Ĝardeno. Sono. Laŭdi. Pale. Facila. Insekto. Kiu. Zorgi. Cikano. Traetera. Sofismo. Domoj. Spino. Majo. Signi. Ec. Bonajo. Legi. Iel. Juristo. Cielo. Hemio.

§ 5.

Patro kaj frato. — Leono estas besto. — Rozo estas floro kaj kolombo estas birdo. — La rozo apartenas al Teodoro. — La suno brilas. — La patro estas sana. — La patro estas tajloro.

patro père | father | Vater | отецъ | ojciec.
o marque le substantif | ending of nouns (substantive) | bezeichnet das Substantiv | означаетъ существительное | oznacza rzeczownik.
kaj et | and | und | и | i.
frato frère | brother | Bruder | братъ | brat.
leono lion | lion | Löwe | левъ | lew.
esti être | be | sein | быть | być.
as marque le présent d'un verbe | ending of the present tense in verbs | bezeichnet das Präsens | означаетъ настоящее время глагола | oznacza czas teraźniejszy.
besto animal | beast | Thier | животное | zwierzę.
rozo rose | rose | Rose | роза | róża.
floro fleur | flower | Blume | цвѣтъ, цвѣтокъ | kwiat.
kolombo pigeon | dove | Taube | голубь | gołąb'.
birdo oiseau | bird | Vogel | птица | ptak.

la article défini (le, la, les) | the | bestimmter Artikel (der, die, das) | членъ опредѣленный (по русски не переводится) | przedimek określny (nie tłómaczy się).
aparteni appartenir | belong | gehören | принадлежать | należeć.
al à | to | zu (ersetzt zugleich den Dativ) | къ (замѣняетъ также дательный падежъ) | do (zastępuje też przypadek trzeci).
suno soleil | sun | Sonne | солнце | słońce.
brili briller | shine | glänzen | блистать | błyszczeć.
sana sain, en santé | well, healthy | gesund | здоровый | zdrowy.
a marque l'adjectif | termination of adjectives | bezeichnet das Adjektiv | означаетъ прилагательное | oznacza przymiotnik.
tajloro tailleur | tailor | Schneider | портной | krawiec.

§ 6.

Infano ne estas matura homo. — La infano jam ne ploras. — La ĉielo estas blua. — Kie estas la libro kaj la krajono? — La libro estas sur la tablo, kaj la krajono kuŝas sur la fenestro. — Sur la fenestro kuŝas krajono kaj plumo. — Jen estas pomo. — Jen estas la pomo, kiun mi trovis. — Sur la tero kuŝas ŝtono.

infano enfant | child | Kind | дитя | dziecię.
ne non, ne... pas | no, not | nicht, nein | не, нѣтъ | nie.
matura mûr | mature, ripe | reif | зрѣлый | dojrzały.
homo homme | man | Mensch | человѣкъ | człowiek.
jam déjà | already | schon | уже | już.
plori pleurer | mourn, weep | weinen | плакать | płakać.
ĉielo ciel | heaven | Himmel | небо | niebo.
blua bleu | blue | blau | синій | nibieski.
kie où | where | wo | гдѣ | gdzie.
libro livre | book | Buch | книга | księga, książka.
krajono crayon | pencil | Bleistift | карандашъ | ołówek.
sur sur | upon, on | auf | на | na.
tablo table | table | Tisch | столъ | stół.
kuŝi être couché | lie (down) | liegen | лежать | leżeć.
fenestro fenêtre | window | Fenster | окно | okno.
plumo plume | pen | Feder | перо | pióro.
jen voici, voilà | behold, lo | da, siehe | вотъ | otóż.
pomo pomme | apple | Apfel | яблоко | jabłko.
kiu qui, lequel, laquelle | who, wich | wer, welcher | кто, который | kto, który.

n marque l'accusatif ou complément direct | ending of the objective | bezeichnet den Accusativ | означаетъ винительный падежъ | oznacza przypadek czwarty.
mi je, moi | I | ich | я | ja.
trovi trouver | find | finden | находить | znajdować.
is marque le passé | ending of past tense in verbs | bezeichnet die vergangene Zeit | означастъ прошедшее время | oznacza czas przeszły.
tero terre | earth | Erde | земля | ziemia.
ŝtono pierre | stone | Stein | камень | kamień.

§ 7.

Leono estas forta. — La dentoj de leono estas akraj. — Al leono ne donu la manon. — Mi vidas leonon. — Resti kun leono estas danĝere. — Kiu kuraĝas rajdi sur leono? — Mi parolas pri leono.

forta fort | strong | stark, kräftig | сильный | silny, mocny.
dento dent | tooth | Zahn | зубъ | ząb.
j marque le pluriel | sign of the plural | bezeichnet die Mehrzahl | означаетъ множественное число | oznacza liczbę mnogą.
de de | of, from | von; ersetzt auch den Genitiv | отъ; замѣняетъ также родительный падежъ | od; zastępuje też przypadek drugi.
akra aigu | sharp | scharf | острый | ostry.
doni donner | give | geben | давать | dawać.
u marque l'impératif | ending of the imperative in verbs | bezeichnet den Imperativ | означаетъ повелительное наклоненіе | oznacza tryb rozkazujący.
mano main | hand | Hand | рука | ręka.
vidi voir | see | sehen | видѣть | widzieć.
resti rester | remain | bleiben | оставаться | pozostawać.
kun avec | with | mit | съ | z.
danĝero danger | danger | Gefahr | опасность | niebezpieczeństwo.
e marque l'adverbe | ending of adverbs | Endung des Adverbs | окончаніе нарѣчія | zakończenie przysłówka.
kuraĝa courageux | courageous, daring | kühn, dreist | смѣлый | śmiały.
rajdi aller à cheval | ride | reiten | ѣздить верхомъ | jeździć konno.
i marque l'infinitif | termination of the infinitive in verbs | bezeichnet den Infinitiv | означаетъ неопредѣленное наклоненіе | oznacza tryb bezokoliczny słowa.

paroli parler | speak | sprechen | говорить | mówić.
pri sur, touchant, de | concerning, about | von, über | о, объ | о.

§ 8.

La patro estas bona. — Jen kuŝas la ĉapelo de la patro. — Diru al la patro, ke mi estas diligenta. — Mi amas la patron. — Venu kune kun la patro. — La filo staras apud la patro. — La mano de Johano estas pura. — Mi konas Johanon. — Ludoviko, donu al mi panon. — Mi manĝas per la buŝo kaj flaras per la nazo. — Antaŭ la domo staras arbo. — La patro estas en la ĉambro.

bona bon | good | gut | добрый | dobry.
ĉapelo chapeau | hat | Hut | шляпа | kapelusz.
diri dire | say | sagen | сказать | powiadać.
ke que | that (conj.) | dass | что | że.
diligenta diligent, assidu | diligent | fleissig | прилежный | pilny.
ami aimer | love | lieben | любить | lubić, kochać.
veni venir | come | kommen | приходить | przychodzić.
kune ensemble | together | zusammen | вмѣстѣ | razem, wraz.
filo fils | son | Sohn | сынъ | syn.
stari être debout | stand | stehen | стоять | stać.
apud auprès de | near by | neben, an | при, возлѣ | przy, obok.
pura pur, propre | clean, pure | rein | чистый | czysty.
koni connaître | know, recognise | kennen | знать (быть знакомымъ) | znać.
pano pain | bread | Brot | хлѣбъ | chleb.
manĝi manger | eat | essen | ѣсть | jeść.
per par, au moyen de | through, by means of | mittelst, vermittelst, durch | посредствомъ | przez, za pomocą.
buŝo bouche | mouth | Mund | ротъ | usta.
flari flairer, sentir | smell | riechen, schnupfen | нюхать, обонять | wąchać.
nazo nez | nose | Nase | носъ | nos.
antaŭ devant | before | vor | предъ | przed.
domo maison | house | Haus | домъ | dom.
arbo arbre | tree | Baum | дерево | drzewo.
ĉambro chambre | room | Zimmer | комната | pokój.

§ 9.

La birdoj flugas. — La kanto de la birdoj estas agrabla. — Donu al la birdoj akvon, ĉar ili volas trinki. — La knabo forpelis la birdojn. — Ni vidas per la okuloj kaj aŭdas per la oreloj. — Bonaj infanoj lernas diligente. — Aleksandro ne volas lerni, kaj tial mi batas Aleksandron. — De la patro mi ricevis libron, kaj de la frato mi ricevis plumon. — Mi venas de la avo, kaj mi iras nun al la onklo. — Mi legas libron. — La patro ne legas libron, sed li skribas leteron.

flugi voler (avec des ailes) | fly (vb.) | fliegen | летать | latać.
kanti chanter | sing | singen | пѣть | śpiewać.
agrabla agréable | agreeable | angenehm | пріятный | przyjemny.
akvo eau | water | Wasser | вода | woda.
ĉar car, parce que | for | weil, da, denn | ибо, такъ какъ | albowiem ponieważ.
ili ils, elles | they | sie (Mehrzahl) | они, онѣ | oni, one.
voli vouloir | wish, will | wollen | хотѣть | chcieć.
trinki boire | drink | trinken | пить | pić.
knabo garçon | boy | Knabe | мальчикъ | chłopiec.
for loin, hors | forth, out | fort | прочь | precz.
peli chasser, renvoyer | pursue, chase out | jagen, treiben | гнать | gonić.
ni nous | we | wir | мы | my.
okulo œil | eye | Auge | глазъ | oko.
aŭdi entendre | hear | hören | слышать | słyszeć.
orelo oreille | ear | Ohr | ухо | ucho.
lerni apprendre | learn | lernen | учиться | uczyć się.
tial c'est pourquoi | therefore | darum, deshalb | потому | dla tego.
bati battre | beat | schlagen | бить | bić.
ricevi recevoir, obtenir | obtain, get, receive | bekommen, erhalten | получить | otrzymywać.
avo grand-père | grandfather | Grossvater | дѣдъ, дѣдушка | dziad, dziadek.
iri aller | go | gehen | идти | iść.
nun maintenant | now | jetzt | теперь | teraz.
onklo oncle | uncle | Onkel | дядя | wuj, stryj.
legi lire | read | lesen | читать | czytać.
sed mais | but | aber, sondern | но, а | lecz.

li il. lui | he | er | онъ | on.
skribi écrire | write | schreiben | писать | pisać.
letero lettre, épitre | letter | Brief | письмо | list.

§ 10.

Papero estas blanka. — Blanka papero kuŝas sur la tablo. — La blanka papero jam ne kuŝas sur la tablo. — Jen estas la kajero de la juna fraŭlino. — La patro donis al mi dolĉan pomon. — Rakontu al mia juna amiko belan historion. — Mi ne amas obstinajn homojn. — Mi deziras al vi bonan tagon, sinjoro! — Bonan matenon! — Ĝojan feston! (mi deziras al vi). — Kia ĝoja festo! (estas hodiaŭ). — Sur la ĉielo staras la bela suno. — En la tago ni vidas la helan sunon, kaj en la nokto ni vidas la palan lunon kaj la belajn stelojn. — La papero estas tre blanka, sed la neĝo estas pli blanka. — Lakto estas pli nutra, ol vino. — Mi havas pli freŝan panon, ol vi. — Ne, vi eraras, sinjoro: via pano estas malpli freŝa, ol mia. — El ĉiuj miaj infanoj Ernesto estas la plej juna. — Mi estas tiel forta, kiel vi. — El ĉiuj siaj fratoj Antono estas la malplej saĝa.

papero papier | paper | Papier | бумага | papier.
blanka blanc | white | weiss | бѣлый | biały.
kajero cahier | copy-book | Heft | тетрадь | kajet.
juna jeune | young | jung | молодой | młody.
fraŭlo homme non marié | bachelor | unverheiratheter Herr | холостой господинъ | kawaler.
in marque le féminin; ex. : patro père — patrino mère | ending of feminine words; e. g. patro father — patrino mother | bezeichnet das weibliche Geschlecht; z. B. patro Vater — patrino Mutter; fianĉo Bräutigam — fianĉino Braut | означаетъ женскій полъ; напр. patro отецъ — patrino мать; fianĉo женихъ — fianĉino невѣста | oznacza płeć żeńską; np. patro ojciec — patrino matka; koko kogut — kokino kura.
(fraŭlino demoiselle, mademoiselle | miss | Fräulein | барышня | panna).

dolĉa doux | sweet | süss | сладкій | słodki.
rakonti raconter | tell, relate | erzählen | разсказывать | opowiadać.
mia mon | my | mein | мой | mój.
amiko ami | friend | Freund | другъ | przyjaciel.
bela beau | beautiful | schön, hübsch | красивый, прекрасный | piękny, ładny.
historio histoire | history, story | Geschichte | исторія | historja.
obstina entêté, obstiné | obstinate | eigensinnig | упрямый | uparty.
deziri désirer | desire | wünschen | желать | życzyć.
vi vous, toi, tu | you | ihr, du, Sie | вы, ты | wy, ty.
tago jour | day | Tag | день | dzień.
sinjoro monsieur | Sir, Mr. | Herr | господинъ | pan.
mateno matin | morning | Morgen | утро | poranek.
ĝoji se réjouir | rejoice | sich freuen | радоваться | cieszyć się.
festi fêter | feast | feiern | праздновать | świętować.
kia quel | of what kind, what a | was für ein, welcher | какой | jaki.
hodiaŭ aujourd'hui | to-day | heute | сегодня | dziś.
en en, dans | in | in, ein- | въ | w.
hela clair (qui n'est pas obscur) | clear, glaring | hell, grell | яркій | jasny, jaskrawy.
nokto nuit | night | Nacht | ночь | noc.
pala pâle | pale | bleich, blass | блѣдный | blady.
luno lune | moon | Mond | луна | księżyc.
stelo étoile | star | Stern | звѣзда | gwiazda.
neĝo neige | snow | Schnee | снѣгъ | śnieg.
pli plus | more | mehr | болѣе, больше | więcej.
lakto lait | milk | Milch | молоко | mleko.
nutri nourrir | nourish | nähren | питать | karmić, pożywiać.
ol que (dans une comparaison) | than | als | чѣмъ | niż.
vino vin | wine | Wein | вино | wino.
havi avoir | have | haben | имѣть | mieć.
freŝa frais, récent | fresh | frisch | свѣжій | świeży.
erari errer | err, mistake | irren | ошибаться, блуждать | błądzić, mylić się.
mal marque les contraires; ex. bona bon — malbona mauvais; estimi estimer — malestimi mépriser | denotes opposites; e. g. bona good — malbona evil; estimi esteem — malestimi despise | bezeichnet einen geraden Gegensatz; z. B. bona gut — malbona schlecht; estimi schätzen — malestimi verachten ' прямо противоположно; напр. bona хорошій — malbona дурной; estimi уважать — malestimi презирать | oznacza preciwieństwo; np. bona dobry — malbona zły; estimi poważać — mal, estimi gardzić.
el de, d'entre, é-, ex- | from, out from | aus | изъ | z.

ĉiu chacun | each, every one | jedermann | всякій, каждый | wszystek, każdy.
(ĉiuj tous | all | alle | всѣ | wszyscy).
plej le plus | most | am meisten | наиболѣе | najwięcej.
tiel ainsi, de cette manière | thus, so | so | такъ | tak.
kiel comment | how, as | wie | какъ | jak.
si soi, se | one's self | sich | себя | siebie.
(sia son, sa | one's | sein | свой | swój).
saĝa sage, sensé | wise | klug, vernünftig | умный | mądry.

§ 11.

La feino.

Unu vidvino havis du filinojn. La pli maljuna estis tiel simila al la patrino per sia karaktero kaj vizaĝo, ke ĉiu, kiu ŝin vidis, povis pensi, ke li vidas la patrinon; ili ambaŭ estis tiel malagrablaj kaj tiel fieraj, ke oni ne povis vivi kun ili. La pli juna filino, kiu estis la plena portreto de sia patro laŭ sia boneco kaj honesteco, estis krom tio unu el la plej belaj knabinoj, kiujn oni povis trovi.

feino fée | fairy | Fee | фея | wieszczka.
unu un | one | ein, eins | одинъ | jeden.
vidvo veuf | widower | Wittwer | вдовецъ | wdowiec.
du deux | two | zwei | два | dwa.
simila semblable | like, similar | ähnlich | похожій | podobny.
karaktero caractère | character | Character | характеръ | charakter.
vizaĝo visage | face | Gesicht | лицо | twarz.
povi pouvoir | be able, can | können | мочь | módz.
pensi penser | think | denken | думать | myśleć.
ambaŭ l'un et l'autre | both | beide | оба | obaj.
fiera fier, orgueilleux | proud | stolz | гордый | dumny.
oni on | one, people, they | man | безличное мѣстоименіе множественнаго числа | zaimek nieosobisty liczby mnogiej.
vivi vivre | live | leben | жить | żyć.
plena plein | full, complete | voll | полный | pełny.

portreto portrait | portrait | Portrait | портретъ | portret.
laŭ selon, d'après | according to | nach, gemäss | по, согласно | według.
ec marque la qualité (abstraitement): ex. **bona** bon — **boneco** bonté; **viro** homme — **vireco** virilité | denotes qualities; e. g. **bona** good — **boneco** goodness; **viro** man — **vireco** manliness; **virino** woman — **virineco** womanliness | Eigenschaft; z. B. **bona** gut — **boneco** Güte; **virino** Weib — **virineco** Weiblichkeit | качество или состояніе; напр. **bona** добрый — **boneco** доброта; **virino** женщина — **virineco** женственность | przymiot; np. **bona** dobry — **boneco** dobroć; **infano** dziecię | **infaneco** dzieciństwo.
honesta honnête | honest | ehrlich | честный | uczciwy.
krom hors, hormis, excepté | besides, without, except | ausser | кромѣ | oprócz.
tio cela | that, that one | jenes, das | то, это | to, tamto.

§ 12.

Du homoj povas pli multe fari ol unu. — Mi havas nur unu buŝon, sed mi havas du orelojn. — Li promenas kun tri hundoj. — Li faris ĉion per la dek fingroj de siaj manoj. — El ŝiaj multaj infanoj unuj estas bonaj kaj aliaj estas malbonaj. — Kvin kaj sep faras dek du. — Dek kaj dek faras dudek. — Kvar kaj dek ok faras dudek du. — Tridek kaj kvardek kvin faras sepdek kvin. — Mil okcent naŭdek tri. — Li havas dek unu infanojn. — Sesdek minutoj faras unu horon, kaj unu minuto konsistas el sesdek sekundoj. — Januaro estas la unua monato de la jaro, Aprilo estas la kvara, Novembro estas la dek-unua, Decembro estas la dek-dua. — La dudeka (tago) de Februaro estas la kvindek-unua tago de la jaro. — La sepan tagon de la semajno Dio elektis, ke ĝi estu pli sankta, ol la ses unuaj tagoj. — Kion Dio kreis en la sesa tago? — Kiun daton ni havas hodiaŭ? — Hodiaŭ estas la dudek sepa (tago) de

Marto. — Georgo Vaŝington estis naskita la dudek duan de Februaro de la jaro mil sepcent tridek dua.

multe beaucoup, nombreux | much, many | viel | много | wiele.
fari faire | do, make | thun, machen | дѣлать | robić.
nur seulement, ne... que | only (adv.) | nur | только | tylko.
promeni se promener | walk, promenade | spazieren | прогуливаться | spacerować.
tri trois | three | drei | три | trzy.
hundo chien | dog | Hund | песъ, собака | pies.
ĉio tout | everything | alles | все | wszystko.
dek dix | ten | zehn | десять | dziesięć.
fingro doigt | finger | Finger | палецъ | palec.
alia autre | other | ander | иной | inny.
kvin cinq | five | fünf | пять | pięć.
sep sept | seven | sieben | семь | siedem.
kvar quatre | four | vier | четыре | cztery.
ok huit | eight | acht | восемь | ośm.
mil mille (nombre) | thousand | tausend | тысяча | tysiąc.
cent cent | hundred | hundert | сто | sto.
naŭ neuf (9) | nine | neun | девять | dziewięć.
ses six | six | sechs | шесть | sześć.
minuto minute | minute | Minute | минута | minuta.
horo heure | hour | Stunde | часъ | godzina.
konsisti consister | consist | bestehen | состоять | składać się.
sekundo seconde | second | Sekunde | секунда | sekunda.
Januaro Janvier | January | Januar | Январь | Styczeń.
monato mois | month | Monat | мѣсяцъ | miesiąc.
jaro année | year | Jahr | годъ | rok.
Aprilo Avril | April | April | Апрѣль | Kwiecień.
Novembro Novembre | November | November | Ноябрь | Listopad.
Decembro Décembre | December | December | Декабрь | Grudzień.
Februaro Février | February | Februar | Февраль | Luty.
semajno semaine | week | Woche | недѣля | tydzień.
Dio Dieu | God | Gott | Богъ | Bóg.
elekti choisir | choose | wählen | выбирать | wybierać.
ĝi cela, il, elle | it | es, dieses | оно, это | ono, to.
sankta saint | holy | heilig | святой, священный | święty.
krei créer | create | schaffen, erschaffen | создавать | stwarzać.
dato date | date | Datum | число (мѣсяца) | data.
Marto Mars | March | März | Мартъ | Marzec.
naski enfanter, faire naître | bear, produce | gebären | рождать | rodzić.
it marque le participe passé passif | ending of past part. pass. in

verbs | bezeichnet das Participium perfecti passivi | означаетъ причастіе прошедшаго времени страдат. залога | oznacza imiesłów bierny czasu przeszłego.

§ 13.

La feino (Daŭrigo).

Ĉar ĉiu amas ordinare personon, kiu estas simila al li, tial tiu ĉi patrino varmege amis sian pli maljunan filinon, kaj en tiu sama tempo ŝi havis teruran malamon kontraŭ la pli juna. Ŝi devigis ŝin manĝi en la kuirejo kaj laboradi senĉese. Inter aliaj aferoj tiu ĉi malfeliĉa infano devis du fojojn en ĉiu tago iri ĉerpi akvon en tre malproksima loko kaj alporti domen plenan grandan kruĉon.

daŭri durer | endure, continue | dauern | продолжаться | trwać.
ig faire...; ex. **pura** pur, propre — **purigi** nettoyer; **morti** mourir — **mortigi** tuer (faire mourir) | cause to be; e. g. **pura** pure — **purigi** purify; **sidi** sit — **sidigi** seat | zu etwas machen, lassen; z. B. **pura** rein — **purigi** reinigen; **bruli** brennen (selbst) — **bruligi** brennen (etwas) | дѣлать чѣмъ нибудь, заставить дѣлать; напр. **pura** чистый — **purigi** чистить; **bruli** горѣть — **bruligi** жечь | robić czemś; np. **pura** czysty — **purigi** czyścić; **bruli** palić się — **bruligi** palić.
ordinara ordinaire | ordinary | gewöhnlich | обыкновенный | zwyczajny.
persono personne | person | Person | особа, лицо | osoba.
tiu celui-là | that | jener | тотъ | tamten.
ĉi ce qui est le plus près; ex. **tiu** celui-là — **tiu ĉi** celui-ci | denotes proximity; e. g. **tiu** that — **tiu ĉi** this; **tie** there — **tie ĉi** here | die nächste Hinweisung; z. B. **tiu** jener — **tiu ĉi** dieser; **tie** dort — **tie ĉi** hier | ближайшее указаніе; напр. **tiu** тотъ — **tiu ĉi** этотъ; **tie** тамъ — **tie ĉi** здѣсь | wskazanie najbliższe; np. **tiu** tamten — **tiu ĉi** ten; **tie** tam — **tie ĉi** tu.
varma chaud | warm | warm | теплый | ciepły.
eg marque augmentation, plus haut degré; ex. **pordo** porte — **pordego** grande porte; **peti** prier — **petegi** supplier | denotes increase of degree; e. g. **varma** warm — **varmega** hot |

bezeichnet eine Vergrösserung oder Steigerung; z. B. **pórdo** Thür — **pordego** Thor; **varma** warm — **varmega** heiss | означаетъ увеличеніе или усиленіе степени; напр. **mano** рука **manego** ручище; **varma** теплый — **varmega** горячій | oznacza zwiększenie lub wzmocnienie stopnia; np. **mano** ręka — **manego** łapa; **varma** ciepły — **varmega** gorący.

sama même (qui n'est pas autre) | same | selb, selbst (z. B. derselbe, daselbst) | же,. самый (напр. тамъ же, тотъ самый) | że, sam (np. tam że, ten sam).

tempo temps (durée) | time | Zeit | время | czas.

teruro terreur, effroi | terror | Schrecken | ужасъ | przerażenie.

kontraŭ contre | against | gegen | противъ | przeciw.

devi devoir | ought, must | müssen | долженствовать | musieć.

kuiri faire cuire | cook | kochen | варить | gotować.

ej marque le lieu spécialement affecté à... ex. **preĝi** prier — **preĝejo** église; **kuiri** faire cuire — **kuirejo** cuisine | place of an action; e. g. **kuiri** cook — **kuirejo** kitchen | Ort für...; z. B. **kuiri** kochen — **kuirejo** Küche; **preĝi** beten — **preĝejo** Kirche | мѣсто для... : напр. **kuiri** варить — **kuirejo** кухня; **preĝi** молиться — **preĝejo** церковь | miejsce dla.,.; np **kuiri** gotować — **kuirejo** kuchnia; **preĝi** modlić się — **preĝejo** kościół.

labori travailler | labor, work | arbeiten | работать | pracować.

ad marque durée dans l'action: ex. **pafo** coup de fusil — **pafado** fusillade | denotes duration of action; e. g. **danco** dance — **dancado** dancing | bezeichnet die Dauer der Thätigkeit; z. B. **danco** der Tánz — **dancado** das Tanzen | означаетъ продолжительность дѣйствія; напр. **iri** идти — **iradi** ходить, хаживать | oznacza trwanie czynności; np. **iri** iść — **iradi** chodzić.

sen sans | without | ohne | безъ | bez.

ĉesi cesser | cease, desist | aufhören | переставать | przestawać.

inter entre, parmi | between, among | zwischen | между | miedzy.

afero affaire | affair | Sache, Angelegenheit | дѣло | sprawa.

feliĉa heureux | happy | glücklich | счастливый | szczęśliwy.

fojo fois | time (e. g. three times etc.) | Mal | разъ | raz.

ĉerpi puiser | draw | schöpfen (z. B. Wasser) | черпать | czerpać.

tre très | very | sehr | очень | bardzo.

proksima proche, près de | near | nahe | близкій | blizki.

loko place, lieu | place | Ort | мѣсто | miejsce.

porti porter | bear, carry | tragen | носить | nosić.

n marque l'accusatif et le lieu où l'on va | ending of the objective, also marks direction towards | bezeichnet den Accusativ, auch die Richtung | означаетъ винит. падежъ, а также направленіе | oznacza przypadek czwarty, również kierunek.

kruĉo cruche | pitcher | Krug | кувшинъ | dzban.

§ 14.

Mi havas cent pomojn. — Mi havas centon da pomoj. — Tiu ĉi urbo havas milionon da loĝantoj. — Mi aĉetis dekduon (aŭ dek-duon) da kuleroj kaj du dekduojn da forkoj. — Mil jaroj (aŭ milo da jaroj) faras miljaron. — Unue mi redonas al vi la monon, kiun vi pruntis al mi; due mi dankas vin por la prunto; trie mi petas vin ankaŭ poste prunti al mi, kiam mi bezonos monon. — Por ĉiu tago mi ricevas kvin frankojn, sed por la hodiaŭa tago mi ricevis duoblan pagon, t. e. (= tio estas) dek frankojn. — Kvinoble sep estas tridek kvin. — Tri estas duono de ses. — Ok estas kvar kvinonoj de dek. — Kvar metroj da tiu ĉi ŝtofo kostas naŭ frankojn; tial du metroj kostas kvar kaj duonon frankojn (aŭ da frankoj). — Unu tago estas tricent-sesdek-kvinono aŭ tricent-sesdek-sesono de jaro. — Tiuj ĉi du amikoj promenas ĉiam duope. — Kvinope ili sin ĵetis sur min, sed mi venkis ĉiujn kvin atakantojn. — Por miaj kvar infanoj mi aĉetis dek du pomojn, kaj al ĉiu el la infanoj mi donis po tri pomoj. — Tiu ĉi libro havas sesdek paĝojn; tial, se mi legos en ĉiu tago po dek kvin paĝoj, mi finos la tutan libron en kvar tagoj.

on marque les nombres fractionnaires; ex. **kvar** quatre — **kvarono** le quart | marks fractions; e. g. **kvar** four — **kvarono** a fourth, quarter | Bruchzahlwort; z. B. **kvar** vier — **kvarono** Viertel | означаетъ числительное дробное; напр. **kvar** четыре — **kvarono** четверть | liczebnik ułamkowy; np. **kvar** cztery — **kvarono** ćwierć.

da de (après les mots marquant mesure, poids, nombre) | is used instead of **de** after words expressing weight or measure | ersetzt den Genitiv nach Mass, Gewicht u. drgl bezeichnenden Wörtern | замѣняетъ родительный падежъ послѣ словъ, означающихъ мѣру, вѣсъ и т. п. | zastępuje przypadek drugi po słowach oznaczających miarę, wagę i t. p.

urbo ville | town | Stadt | городъ | miasto.
loĝi habiter, loger | lodge | wohnen | жить, квартировать | mieszkać.
ant marque le participe actif | ending of pres. part. act. in verbs | bezeichnet das Participium praes. act. | означаетъ причастіе настоящаго времени дѣйств. залога | oznacza imiesłów czynny czasu teraźniejsz.
aĉeti acheter | buy | kaufen | покупать | kupować.
aŭ ou | or | oder | или | albo, lub.
kulero cuillère | spoon | Löffel | ложка | łyżka.
forko fourchette | fork | Gabel | вилы, вилка | widly, widelec.
re de nouveau, de retour | again, back | wieder, zurück | снова, назадъ | znowu, napowrót.
mono argent (monnaie) | money | Geld | деньги | pieniądze.
prunti prêter | lend, borrow | leihen, borgen | взаймы давать или брать | pożyczać.
danki remercier | thank | danken | благодарить | dziękować.
por pour | for | für | для, за | dla, za.
peti prier | request, beg | bitten | просить | prosić.
ankaŭ aussi | also | auch | также | także.
post après | after, behind | nach, hinter | послѣ, за | po, za, potem.
kiam quand, lorsque | when | wann | когда | kiedy.
bezoñi avoir besoin de | need, want | brauchen | нуждаться | potrzebować.
obl marque l'adjectif numéral multiplicatif; ex. **du** deux — **duobla** double | ... fold; e. g. **du** two — **duobla** twofold, duplex | bezeichnet das Vervielfachungszahlwort; z. B. **du** zwei — **duobla** zweifach | означаетъ числительное множительное; напр. **du** два — **duobla** двойной | oznacza liczebnik wieloraki; np. **du** dwa — **duobla** podwójny.
pagi payer | pay | zahlen | платить | placić.
ŝtofo étoffe | stuff, matter, goods | Stoff | вещество, матерія | materja, materjał.
kosti coûter | cost | kosten | стоить | kosztować.
ĉiam toujours | always | immer | всегда | zawsze.
op marque l'adjectif numéral collectif; ex. **du** deux — **duope** à deux | marks collective numerals; e. g. **tri** three — **triope** three together | Sammelzahlwort; z. B. **du** zwei — **duope** selbander, zwei zusammen | означаетъ числительное собирательное; напр. **du** два — **duope** вдвоемъ | oznacza liczebnik zbiorowy; np. **du** dwa — **duope** we dwoje.
ĵeti jeter | throw | werfen | бросать | rzucać.
venki vaincre | conquer | siegen | побѣждать | zwyciężać.
ataki attaquer | attack | angreifen | нападать | atakować.
paĝo page (d'un livre) | page | Seite (Buch-) | страница | stronica.
se si | if | wenn | если | jeżeli.

fini finir | end, finish | enden, beendigen | кончать | kończyć.
tuta entier, total | whole | ganz | цѣлый, весь | cały.

§ 15.

La feino (Daŭrigo).

En unu tago, kiam ŝi estis apud tiu fonto, venis al ŝi malriĉa virino, kiu petis ŝin, ke ŝi donu al ŝi trinki. " Tre volonte, mia bona, " diris la bela knabino. Kaj ŝi tuj lavis sian kruĉon kaj ĉerpis akvon en la plej pura loko de la fonto kaj alportis al la virino, ĉiam subtenante la kruĉon, por ke la virino povu trinki pli oportune. Kiam la bona virino trankviligis sian soifon, ŝi diris al la knabino : " Vi estas tiel bela, tiel bona kaj tiel honesta, ke mi devas fari al vi donacon " (ĉar tio ĉi estis feino, kiu prenis sur sin la formon de malriĉa vilaĝa virino, por vidi, kiel granda estos la ĝentileco de tiu ĉi juna knabino). " Mi faras al vi donacon, " daŭrigis la feino, " ke ĉe ĉiu vorto, kiun vi diros, el via buŝo eliros aŭ floro aŭ multekosta ŝtono. "

fonto source | fountain | Quelle | источникъ | źródło.
riĉa riche | rich | reich | богатый | bogaty.
viro homme (sexe) | man | Mann | мужчина, мужъ | mężczyzna, mąż.
volonte volontiers | willingly | gern | охотно | chętnie.
tuj tout de suite, aussitôt | immediately | bald, sogleich | сейчасъ | natychmiast.
lavi laver | wasch | waschen | мыть | myć.
sub sous | under, beneath, below | unter | подъ | pod.
teni tenir | hold, grasp | halten | держать | trzymać.
oportuna commode, qui est à propos | opportune, suitable | bequem | удобный | wygodny.
trankvila tranquille | quiet | ruhig | спокойный | spokojny.
soifi avoir soif | thirst | dursten | жаждать | pragnąć.
donaci faire cadeau | make a present | schenken | дарить | darować.
preni prendre | take | nehmen | брать | brać.

formo forme | form | Form | форма | forma, kształt.
vilaĝo village | village | Dorf | деревня | wieś.
ĝentila gentil, poli | polite, gentle | höflich | вѣжливый | grzeczny.
ĉe chez | at | bei | у, при | u, przy.

§ 16.

Mi legas. — Ci skribas (anstataŭ " ci " oni uzas ordinare " vi "). — Li estas knabo, kaj ŝi estas knabino. — La tranĉilo tranĉas bone, ĉar ĝi estas akra. — Ni estas homoj. — Vi estas infanoj. — Ili estas rusoj. — Kie estas la knaboj? — Ili estas en la ĝardeno. — Kie estas la knabinoj? — Ili ankaŭ estas en la ĝardeno. — Kie estas la tranĉiloj? — Ili kuŝas sur la tablo. — Mi vokas la knabon, kaj li venas. — Mi vokas la knabinon, kaj ŝi venas. — La infano ploras, ĉar ĝi volas manĝi. — La infanoj ploras, ĉar ili volas manĝi. — Knabo, vi estas neĝentila. — Sinjoro, vi estas neĝentila. — Sinjoroj, vi estas neĝentilaj. — Mia hundo, vi estas tre fidela. — Oni diras, ke la vero ĉiam venkas. — En la vintro oni hejtas la fornojn. — Kiam oni estas riĉa (aŭ riĉaj), oni havas multajn amikojn.

ci tu, toi | thou | du | ты | ty.
anstataŭ au lieu de | instead | anstatt, statt | вмѣсто | zamiast.
uzi employer | use | gebrauchen | употреблять | używać.
tranĉi trancher, couper | cut | schneiden | рѣзать | rznąć.
il instrument; ex. tondi tondre—tondilo ciseaux; pafi tirer (coup de feu)—pafilo fusil | instrument; e. g. tondi shear—tondilo scissors | Werkzeug; z. B. tondi scheeren—tondilo Scheere; pafi schiessen—pafilo Flinte | орудіе; напр. tondi стричь—tondilo ножницы; pafi стрѣлять—pafilo ружье | narzędzie; np. tondi strzydz—tondilo nożyce; pafi strzelać—pafilo fuzya.
ruso russe | Russian | Russe | русскій | rossjanin.
ĝardeno jardin | garden | Garten | садъ | ogród.
voki appeler | call | rufen | звать | wołać.

voli vouloir | wish, will | wollen | хотѣть | chcieć.
fidela fidèle | faithful | treu | вѣрный | wierny.
vero vérité | truth | Wahrheit | истина | prawda.
vintro hiver | winter | Winter | зима | zima.
hejti chauffer, faire du feu | heat (vb.) | heizen | топить (печку) | palić (w piecu).
forno fourneau, poêle, four | stove | Ofen | печь, печка | piec.

§ 17.

La feino (Daŭrigo).

Kiam tiu ĉi bela knabino venis domen, ŝia patrino insultis ŝin, kial ŝi revenis tiel malfrue de la fonto. "Pardonu al mi, patrino," diris la malfeliĉa knabino, "ke mi restis tiel longe". Kaj kiam ŝi parolis tiujn ĉi vortojn, elsaltis el ŝia buŝo tri rozoj, tri perloj kaj tri grandaj diamantoj. "Kion mi vidas!" diris ŝia patrino kun grandega miro. "Ŝajnas al mi, ke el ŝia buŝo elsaltas perloj kaj diamantoj! De kio tio ĉi venas, mia filino?" (Tio ĉi estis la unua fojo, ke ŝi nomis ŝin sia filino). La malfeliĉa infano rakontis al ŝi naive ĉion, kio okazis al ŝi, kaj, dum ŝi parolis, elfalis el ŝia buŝo multego da diamantoj. "Se estas tiel," diris la patrino, mi devas tien sendi mian filinon. Marinjo, rigardu, kio eliras el la buŝo de via fratino, kiam ŝi parolas; ĉu ne estus al vi agrable havi tian saman kapablon? Vi devas nur iri al la fonto ĉerpi akvon; kaj kiam malriĉa virino petos de vi trinki, vi donos ĝin al ŝi ĝentile."

insulti injurier | insult | schelten, schimpfen | ругать | besztać, łajać.
kial pourquoi | because, wherefore | warum | почему | dlaczego.
frue de bonne heure | early | früh | рано | rano, wcześnie.

pardoni pardonner | forgive | verzeihen | прощать | przebaczać.
longa long | long | lang | долгій, длинный | długi.
salti sauter, bondir | leap, jump | springen | прыгать | skakać.
perlo perle | pearl | Perle | жемчугъ | perła.
granda grand | great, tall | gross | большой, великій | wielki, duży.
diamanto diamant | diamond | Diamant | алмазъ | djament.
miri s'étonner, admirer | wonder | sich wundern | удивляться | dziwić się.
ŝajni sembler | seem | scheinen | казаться | wydawać się.
nomi nommer, appeler | name, nominate | nennen | называть | nazywać.
naiva naïf | naïve | naiv | наивный | naiwny.
okazi avoir lieu, arriver | happen | vorfallen | случаться | zdarzać się.
dum pendant, tandis que | while | während | пока, между тѣмъ какъ | póki.
sendi envoyer | send | senden, schicken | посылать | posyłać.
kapabla capable, apte | capable | fähig | способный | zdolny.

§ 18.

Li amas min, sed mi lin ne amas. — Mi volis lin bati, sed li forkuris de mi. — Diru al mi vian nomon. — Ne skribu al mi tiajn longajn leterojn. — Venu al mi hodiaŭ vespere. — Mi rakontos al vi historion. — Ĉu vi diros al mi la veron? — La domo apartenas al li. — Li estas mia onklo, ĉar mia patro estas lia frato. — Sinjoro Petro kaj lia edzino tre amas miajn infanojn; mi ankaŭ tre amas iliajn (infanojn). — Montru al ili vian novan veston. — Mi amas min mem, vi amas vin mem, li amas sin mem, kaj ĉiu homo amas sin mem. — Mia frato diris al Stefano, ke li amas lin pli, ol sin mem. — Mi zorgas pri ŝi tiel, kiel mi zorgas pri mi mem; sed ŝi mem tute ne zorgas pri si kaj tute sin ne gardas. — Miaj fratoj havis hodiaŭ gastojn; post la vespermanĝo niaj fratoj eliris kun la gastoj el sia domo kaj akompanis ilin ĝis ilia domo. — Mi jam havas mian ĉapelon;

nun serĉu vi vian. — Mi lavis min en mia ĉambro, kaj
ŝi lavis sin en sia ĉambro. — La infano serĉis sian pu-
pon; mi montris al la infano, kie kuŝas ĝia pupo. —
Oni ne forgesas facile sian unuan amon.

kuri courir | run | laufen | бѣгать | biegać, lecieć.
vespero soir | evening | Abend | вечеръ | wieczór.
ĉu est-ce que | whether | ob | ли, развѣ | czy.
edzo mari, époux | married person, husband | Gemahl | супругъ | małżonek.
montri montrer | show | zeigen | показывать | pokazywać.
nova nouveau | new | neu | новый | nowy.
vesti vêtir, habiller | cloth | ankleiden | одѣвать | odziewać, ubierać.
mem même (moi-, toi-, etc.) | self | selbst | самъ | sam.
zorgi avoir soin | care, be anxious | sorgen | заботиться | troszczyć się.
gardi garder | guard | hüten | стеречь, беречь | strzedz.
gasto hôte | guest | Gast | гость | gość.
akompani accompagner | accompany | begleiten | сопровождать | towarzyszyć.
ĝis jusqu'à | up to, until | bis | до | do, aż,
serĉi chercher | search | suchen | искать | szukać.
pupo poupée | doll | Puppe | кукла | lalka.
forgesi oublier | forget | vergessen | забывать | zapominać.
facila facile | easy | leicht | легкій | łatwy, lekki.

§ 19.

La feino (Daŭrigo).

" Estus tre bele, " respondis la filino malĝentile, " ke
mi iru al la fonto! " — " Mi volas ke vi tien iru, " diris
la patrino, "kaj iru tuj!" La filino iris, sed ĉiam murmurante.
Ŝi prenis la plej belan arĝentan vazon, kiu
estis en la loĝejo. Apenaŭ ŝi venis al la fonto, ŝi vidis
unu sinjorinon, tre riĉe vestitan, kiu eliris el la arbaro
kaj petis de ŝi trinki (tio ĉi estis tiu sama feino, kiu
prenis sur sin la formon kaj la vestojn de princino, por

vidi, kiel granda estos la malboneco de tiu ĉi knabino). "Ĉu mi venis tien ĉi," diris al ŝi la malĝentila kaj fiera knabino, "por doni al vi trinki? Certe, mi alportis arĝentan vazon speciale por tio, por doni trinki al tiu ĉi sinjorino! Mia opinio estas : prenu mem akvon, se vi volas trinki." — "Vi tute ne estas ĝentila," diris la feino sen kolero. "Bone, ĉar vi estas tiel servema, mi faras al vi donacon, ke ĉe ĉiu vorto, kiun vi parolos, eliros el via buŝo aŭ serpento aŭ rano."

us marque le conditionnel (ou le subjonctif) | ending of conditional in verbs | bezeichnet den Konditionalis (oder Konjunktiv) | означаетъ условное наклоненіе (или сослагательное) | oznacza tryb warunkowy.
murmuri murmurer, grommeler | murmur | murren, brummen | ворчать | mruczeć.
vazo vase | vase | Gefäss | сосудъ | naczynie.
arĝento argent (metal) | silver | Silber | серебро | srebro.
apenaŭ à peine | scarcely | kaum | едва | ledwie.
ar une réunion de certains objets; ex. **arbo** arbre — **arbaro** forêt | a collection of objects; e. g. **arbo** tree — **arbaro** forest; **ŝtupo** step — **ŝtuparo** stairs | Sammlung gewisser Gegenstände; z. B. **arbo** Baum — **arbaro** Wald; **ŝtupo** Stufe — **ŝtuparo** Treppe, Leiter | собраніе данныхъ предметовъ; напр. **arbo** дерево — **arbaro** лѣсъ; **ŝtupo** ступень — **ŝtuparo** лѣстница | zbiór danych przedmiotów; np. **arbo** drzewo — **arbaro** las; **ŝtupo** szczebel — **ŝtuparo** drabina.
princo prince | prince | Fürst, Prinz | принцъ, князь | książę.
certa certain | certain, sure | sicher, gewiss | вѣрный, извѣстный | pewny.
speciala spécial | special | speciell | спеціальный | specjalny.
opinio opinion | opinion | Meinung | мнѣніе | opinja.
koleri se fâcher | be angry | zürnen | сердиться | gniewać się.
servi servir | serve | dienen | служить | służyć.
em qui a le penchant, l'habitude; ex. **babili** babiller — **babilema** babillard | inclined to; e. g. **babili** chatter — **babilema** talkative | geneigt, gewohnt; z. B. **babili** plaudern — **babilema** geschwätzig | склонный, имѣющій привычку; напр. **babili** болтать — **babilema** болтливый | skłonny, przyzwyczajony; np. **babili** paplać — **babilema** gadula.
serpento serpent | serpent | Schlange | змѣя | wąż.
rano grenouille | frog | Frosch | лягушка | żaba.

§ 20.

Nun mi legas, vi legas kaj li legas; ni ĉiuj legas. — Vi skribas, kaj la infanoj skribas; ili ĉiuj sidas silente kaj skribas. — Hieraŭ mi renkontis vian filon, kaj li ĝentile salutis min. — Hodiaŭ estas sabato, kaj morgaŭ estos dimanĉo. — Hieraŭ estis vendredo, kaj postmorgaŭ estos lundo. — Antaŭ tri tagoj mi vizitis vian kuzon kaj mia vizito faris al li plezuron. — Ĉu vi jam trovis vian horloĝon? — Mi ĝin ankoraŭ ne serĉis; kiam mi finos mian laboron, mi serĉos mian horloĝon, sed mi timas, ke mi ĝin jam ne trovos. — Kiam mi venis al li, li dormis; sed mi lin vekis. — Se mi estus sana, mi estus feliĉa. — Se li scius, ke mi estas tie ĉi, li tuj venus al mi. — Se la lernanto scius bone sian lecionon, la instruanto lin ne punus. — Kial vi ne respondas al mi? — Ĉu vi estas surda aŭ muta? — Iru for! — Infano, ne tuŝu la spegulon! — Karaj infanoj, estu ĉiam honestaj! — Li venu, kaj mi pardonos al li. Ordonu al li, ke li ne babilu. — Petu ŝin, ke ŝi sendu al mi kandelon. — Ni estu gajaj, ni uzu bone la vivon, ĉar la vivo ne estas longa. — Ŝi volas danci. — Morti pro la patrujo estas agrable. — La infano ne ĉesas petoli.

sidi être assis | sit | sitzen | сидѣть | siedzieć.
silenti se taire | be silent | schweigen | молчать | milczeć.
hieraŭ hier | yesterday | gestern | вчера | wczoraj.
renkonti rencontrer | meet | begegnen | встрѣчать | spotykać.
saluti saluer | salute, greet | grüssen | кланяться | kłaniać się.
sabato samedi | Saturday | Sonnabend | суббота | sobota.
morgaŭ demain | to-morrow | morgen | завтра | jutro.
dimanĉo dimanche | Sunday | Sonntag | воскресеніе | niedziela.
vendredo vendredi | Friday | Freitag | пятница | piątek.

lundo lundi | Monday | Montag | понедѣльникъ | poniedziałek.
viziti visiter | visit | besùchen | посѣщать | odwiedzać.
kuzo cousin | cousin | Vetter, Cousin | двоюродный братъ | kuzyn.
plezuro plaisir | pleasure | Vergnügen | удовольствіе | przyjemność.
horloĝo horloge, montre | clock | Uhr | часы | zegar.
timi craindre | fear | fürchten | бояться | obawiać się.
dormi dormir | sleep | schlafen | спать | spać.
veki réveiller, éveiller | wake, arouse | wecken | будить | budzić.
scii savoir | know | wissen | знать | wiedzieć.
leciono leçon | lesson | Lektion | урокъ | lekcja.
instrui instruire, enseigner | instruct, teach | lehren | учить | uczyć.
puni punir | punish | strafen | наказывать | karać.
surda sourd | deaf | taub | глухой | głuchy.
muta muet | dumb | stumm | нѣмой | niemy.
tuŝi toucher | touch | rühren | трогать | ruszać, dotykać.
spegulo miroir | looking-glass | Spiegel | зеркало | zwierciadło.
kara cher | dear | theuer | дорогой | drogi.
ordoni ordonner | order, command | befehlen | приказывать | rozkazywać.
babili babiller | chatter | schwatzen, plaudern | болтать | paplać.
kandelo chandelle | candle | Licht, Kerze | свѣча | świeca.
gaja gai | gay, glad | lustig | веселый | wesoły.
danci danser | dance | tanzen | танцовать | tańczyć.
morti mourir | die | sterben | умирать | umierać.
petoli faire le polisson, faire des bêtises | be mischievous | muthwillig sein | шалить | swawolić.
uj qui porte, qui contient, qui est peuplé de; ex. **pomo** pomme — **pomujo** pommier; **cigaro** cigare — **cigarujo** porte-cigares; **Turko** Turc — **Turkujo** Turquie | containing, filled with; e. g. **cigaro** cigar — **cigarujo** cigar-case; **pomo** apple — **pomujo** apple-tree; **Turko** Turk — **Turkujo** Turkey | Behälter, Träger (d. h. Gegenstand worin... aufbewahrt wird;.. Früchte tragende Pflanze; von... bevölkertes Land); z. B. **cigaro** Cigarre — **cigarujo** Cigarrenbüchse; **pomo** Apfel — **pomujo** Apfelbaum; **Turko** Türke — **Turkujo** Türkei | вмѣститель, носитель (т. е. вещь, въ которой хранится...; растеніе, несущее.. или страна, заселенная ...; напр. **cigaro** сигара — **cigarujo** портъ-сигаръ; **pomo** яблоко — **pomujo** яблоня; **Turko** турокъ — **Turkujo** Турція | zawierający, noszący (t. j. przedmiot, w którym się coś przechowuje, roślina która wydaje owoc, lub kraj względem zaludniających go mieszkańców); np. **cigaro** cygaro — **cigarujo** cygarnica; **pomo** jabłko — **pomujo** jabłoń; **Turko** Turek — **Turkujo** Turcja.

§ 21.

La feino (Daŭrigo)

Apenaŭ ŝia patrino ŝin rimarkis, ŝi kriis al ŝi : «Nu, mia filino?» — «Jes, patrino», respondis al ŝi la malĝentilulino, eljetante unu serpenton kaj unu ranon.— «Ho, ĉielo!» ekkriis la patrino, «kion mi vidas? Ŝia fratino en ĉio estas kulpa ; mi pagos al ŝi por tio ĉi! » Kaj ŝi tuj kuris bati ŝin. La malfeliĉa infano forkuris kaj kaŝis sin en la plej proksima arbaro. La filo de la reĝo, kiu revenis de ĉaso, ŝin renkontis; kaj, vidante, ke ŝi estas tiel bela, li demandis ŝin, kion ŝi faras tie ĉi tute sola kaj pro kio ŝi ploras. — « Ho ve, sinjoro, mia patrino forpelis min el la domo ».

rimarki remarquer | remark | merken, bemerken | замѣчать | postrzegać, zauważać.
krii crier | cry | schreien | кричать | krzyczeć.
nu eh bien! | well! | nu! | nun | ну! | no!
jes oui | yes | ja | да | tak.
ek indique une action qui commence ou qui est momentanée; ex. **kanti** chanter — **ekkanti** commencer à chanter; **krii** crier — **ekkrii** s'écrier | denotes sudden or momentary action; e. gr. **krii** cry — **ekkrii** cry out | bezeichnet eine anfangende oder momentane Handlung; z. B. **kanti** singen — **ekkanti** einen Gesang anstimmen; **krii** schreien — **ekkrii** aufschreien | начало или мгновенность; напр. **kanti** пѣть — **ekkanti** запѣть; **krii** кричать — **ekkrii** вскрикнуть | oznacza początek lub chwilowość; up. **kanti** śpiewać — **ekkanti** zaśpiewać; **krii** krzyczeć — **ekkrii** krzyknąć.
kulpa coupable | blameable | schuldig | виноватый | winny.
kaŝi cacher | hide (vb.) | verbergen | прятать | chować.
reĝo roi | king | König | король, царь | król.
ĉasi chasser (vénerie) | hunt | jagen, Jagd machen | охотиться | polować.
demandi demander, questionner | demand, ask | fragen | спрашивать | pytać.

sola seul | only, alone | einzig, allein | единственный | jedyny
pro à cause de, pour | for the sake of | wegen | ради | dla.
ho oh! | oh! | o! och! | o! охъ! | o! och!
ve malheur! | woe! | wehe! | увы! | biada! niestety!

§ 22.

Fluanta akvo estas pli pura, ol akvo staranta senmove. — Promenante sur la strato, mi falis. — Kiam Nikodemo batas Jozefon, tiam Nikodemo estas la batanto kaj Jozefo estas la batato. — Al homo, pekinta senintence, Dio facile pardonas. — Trovinte pomon, mi ĝin manĝis. — La falinta homo ne povis sin levi. Ne riproĉu vian amikon, ĉar vi mem plimulte meritas riproĉon; li estas nur unufoja mensoginto dum vi estas ankoraŭ nun ĉiam mensoganto. — La tempo pasinta jam neniam revenos; la tempon venontan neniu ankoraŭ konas. — Venu, ni atendas vin, Savonto de la mondo. — En la lingvo « Esperanto » ni vidas la estontan lingvon de la tuta mondo. — Aŭgusto estas mia plej amata filo. — Mono havata estas pli grava ol havita. — Pasero kaptita estas pli bona, ol aglo kaptota. — La soldatoj kondukis la arestitojn tra la stratoj. — Li venis al mi tute ne atendite. — Homo, kiun oni devas juĝi, estas juĝoto.

flui couler | flow | fliessen | течь | płynąć, ciekn ąć.
movi mouvoir | move | bewegen | двигать | ruszać.
strato rue | street | Strasse | улица | ulica.
fali tomber | fall | fallen | падать | padać.
at marque le participe présent passif | ending of pres. part. pass. in verbs | bezeichnet das Participium praes. passivi | означаетъ причастіе настоящаго времени страд. залога | oznacza imiesłów bierny czasu teraźniejszego.
peki pécher | sin | sündigen | грѣшить | grzeszyć.

int marque le participe passé du verbe actif | ending of past part. act. in verbs | bezeichnet das Participium perfecti activi | означаетъ причастіе прошедшаго времени дѣйствит. залога | oznacza imiesłów czynny czasu przeszłego.
intenci se proposer de | intend | beabsichtigen | намѣреваться | zamierzać.
levi lever | lift, raise | aufheben | поднимать | podnosić.
riproĉi reprocher | reproach | vorwerfen | упрекать | zarzucać.
meriti mériter | merit | verdienen | заслуживать | zasługiwać.
mensogi mentir | tell a lie | lügen | лгать | kłamać.
pasi passer | pass | vergehen | проходить | przechodzić.
neniam ne... jamais | never | niemals | никогда | nigdy.
ont marque le participe futur d'un verbe actif | ending of fut. part. act. in verbs | bezeichnet das Participium fut. act. | означаетъ причастіе будущаго времени дѣйствит. залога | oznacza imiesłów czynny czasu przyszłego.
neniu personne | nobody | Niemand | никто | nikt.
atendi attendre | wait, expect | warten, erwarten | ждать, ожидать | czekać.
savi sauver | save | retten | спасать | ratować.
mondo monde | world | Welt | міръ | świat.
lingvo langue, langage | language | Sprache | языкъ, рѣчь | język, mowa.
grava grave, important | important | wichtig | важный | ważny.
pasero passereau | sparrow | Sperling | воробей | wróbel.
kapti attraper | catch | fangen | ловить | chwytać.
aglo aigle | eagle | Adler | орелъ | orzeł.
ot marque le participe futur d'un verbe passif | ending of fut. part. pass. in verbs | bezeichnet das Participium fut. pass. | означаетъ причастіе будущ. времени страд. залога | oznacza imiesłów bierny czasu przyszłego.
soldato soldat | soldier | Soldat | солдатъ | żołnierz.
konduki conduire | conduct | führen | вести | prowadzić.
aresti arrêter | arrest | verhaften | арестовать | aresztować.
tra à travers | through | durch | черезъ, сквозь | przez (wskroś).
juĝi juger | judge | richten, urtheilen | судить | sądzić.

§ 23.

La feino (Fino)

La reĝido, kiu vidis, ke el ŝia buŝo eliris kelke da perloj kaj kelke da diamantoj, petis ŝin, ke ŝi diru al li, de kie tio ĉi venas. Ŝi rakontis al li sian tutan aventuron. La reĝido konsideris, ke tia kapablo havas pli grandan indon, ol ĉio, kion oni povus doni dote al alia fraŭlino, forkondukis ŝin al la palaco de sia patro, la reĝo, kie li edziĝis je ŝi. Sed pri ŝia fratino ni povas diri, ke ŝi fariĝis tiel malaminda, ke ŝia propra patrino ŝin forpelis de si; kaj la malfeliĉa knabino, multe ku-rinte kaj trovinte neniun, kiu volus ŝin akcepti, baldaŭ mortis en angulo de arbaro.

kelke quelque | some | mancher, einige | нѣкоторый, нѣсколько | niektóry, kilka.
aventuro aventure | adventure | Abenteuer | приключеніе | przygoda.
konsideri considérer | consider | betrachten, erwägen | соображать | zastanawiać się.
inda mérite, qui mérite, est digne | worthy, valuable | würdig, werth | достойный | godny, wart.
doto dot | dowry | Mitgift | приданое | posag.
palaco palais | palace | Schloss (Gebäude) | дворецъ | pałac.
iĝ se faire, devenir...; ex. **pala** pâle — **paliĝi** pâlir; **sidi** être assis — **sidiĝi** s'asseoir | to become; e. g. **pala** pale — **paliĝi** turn pale; **sidi** sit — **sidiĝi** become seated | zu etwas werden, sich zu etwas veranlassen; z. B. **pala** blass — **paliĝi** erblassen; **sidi** sitzen — **sidiĝi** sich setzen | дѣлаться чѣмъ нибудь, заставить себя; напр. **pala** бѣдный — **paliĝi** блѣднѣть; **sidi** сидѣть — **sidiĝi** сѣсть | stawać się czemś; np. **pala** blady — **paliĝi** blednąć; **sidi** siedzieć — **sidiĝi** usiąść.
je se traduit par différentes prépositions | can be rendered by various prepositions | kann durch verschiedene Präpositionen übersetzt werden | можетъ быть переведено различными предлогами | może być przetłomaczone za pomocą różnych przyimków.
propra propre (à soi) | own (one's own) | eigen | собственный | własny.
akcepti accepter | accept | annehmen | принимать | przyjmować.
baldaŭ bientôt | soon | bald | сейчасъ, скоро | zaraz.
angulo coin, angle | corner, angle | Winkel | уголъ | kąt.

§ 24.

Nun li diras al mi la veron. — Hieraŭ li diris al mi la veron. — Li ĉiam diradis al mi la veron. — Kiam vi vidis nin en la salono, li jam antaŭe diris al mi la veron (aŭ li estis dirinta al mi la veron). — Li diros al mi la veron. — Kiam vi venos al mi, li jam antaŭe diros al mi la veron (aŭ li estos dirinta al mi la veron ; aŭ antaŭ ol vi venos al mi, li diros al mi la veron). — Se mi petus lin, li dirus al mi la veron. — Mi ne farus la eraron, se li antaŭe dirus al mi la veron (aŭ se li estus dirinta al mi la veron). — Kiam mi venos, diru al mi la veron. — Kiam mia patro venos, diru al mi antaŭe la veron (aŭ estu dirinta al mi la veron). — Mi volas diri al vi la veron. — Mi volas, ke tio, kion mi diris, estu vera (aŭ mi volas esti dirinta la veron).

salono salon | saloon | Salon | залъ | salon.
os marque le futur | ending of future tense in verbs | bezeichnet das Futur | означаетъ будущее время | oznacza czas przyszły.

§ 25.

Mi estas amata. Mi estis amata. Mi estos amata. Mi estus amata. Estu amata. Esti amata. — Vi estas lavita. Vi estis lavita. Vi estos lavita. Vi estus lavita. Estu lavita. Esti lavita. — Li estas invitota. Li estis invitota. Li estos invitota. Li estus invitota. Estu invitota. Esti invitota. — Tiu ĉi komercaĵo estas ĉiam volonte aĉetata de mi. — La surtuto estas aĉetita de mi, sekve ĝi apartenas al mi. — Kiam via domo estis konstruata, mia domo estis jam longe konstruita. — Mi sciigas, ke de nun la ŝuldoj de mia filo ne estos pagataj de mi. — Estu trankvila, mia tuta ŝuldo estos pagita al vi baldaŭ. — Mia ora ringo ne estus nun tiel longe serĉata, se ĝi ne estus tiel lerte kaŝita de vi. — Laŭ la projekto de la inĝenieroj tiu ĉi fervojo estas konstruota en la daŭro de du jaroj; sed mi pensas, ke ĝi estos konstruata pli ol tri jarojn. — Honesta homo agas honeste. — La pastro, kiu mortis antaŭ nelonge (aŭ antaŭ nelonga tempo), loĝis longe en nia urbo. — Ĉu hodiaŭ estas varme aŭ malvarme? — Sur la kameno inter du potoj staras fera kaldrono; el la kaldrono, en kiu sin trovas bolanta akvo, eliras vaporo; tra la fenestro, kiu sin trovas apud la pordo, la vaporo iras sur la korton.

inviti inviter | invite | einladen | приглашать | zapraszać.
komerci commercer | trade | handeln, Handel treiben | торговать | handlować.
aĵ quelque chose possédant une certaine qualité ou fait d'une certaine matière; ex. **mola** mou—**molaĵo** partie molle d'une chose | made from or possessing the quality of; e. g. **malnova** old—**malnovaĵo** old thing; **frukto** fruit—**fruktaĵo** something made from fruit | etwas von einer gewissen Eigenschaft oder aus einem gewissen Stoffe; z. B. **malnova** alt—**malnovaĵo** altes Zeug; **frukto** Frucht—**fruktaĵo** etwas aus Früchten bereitetes | нѣчто съ даннымъ качествомъ или изъ даннаго матеріала; напр. **mola** мягкій—**molaĵo** мякишъ; **frukto** плодъ—**fruktaĵo** нѣчто приготовленное изъ плодовъ | oznacza przedmiot posiadający pewną własność albo zrobiony z pewnego materjału; np. **malnova** stary—**malnovaĵo** starzyzna; **frukto** owoc—**fruktaĵo** coś zrobineego z owoców.
sekvi suivre | follow | folgen | слѣдовать | nastąpić.
konstrui construire | construct, build | bauen | строить | budować.
ŝuldi devoir (dette) | owe | schulden | быть должнымъ | być dłużnym.
oro or (métal) | gold | Gold | золото | złoto.
ringo anneau | ring (subst.) | Ring | кольцо | pierścień.
lerta adroit, habile | skilful | geschickt, gewandt | ловкій | zręczny.
projekto projet | project | Entwurf | проектъ | projekt.
inĝeniero ingénieur | engineer | Ingenieur | инженеръ | inżynier.
fero fer | iron | Eisen | желѣзо | żelazo.
vojo route, voie | way, road | Weg | дорога | droga.
agi agir | act | handeln, verfahren | поступать | postępować.
pastro prêtre | priest, pastor | Priester | жрецъ, священникъ | kapłan.
kameno cheminée | fire-place | Kamin | каминъ | kominek.
poto pot | pot | Topf | горшокъ | garnek.
kaldrono chaudron | kettle | Kessel | котелъ | kocioł.

boli bouillir | boil | sieden | кипѣть | kipieć, wrzeć.
vaporo vapeur | steam | Dampf | паръ | para.
pordo porte | door | Thür | дверь | drzwi.
korto cour | yard, court | Hof | дворъ | podwórze.

§ 26.

Kie vi estas? — Mi estas en la ĝardeno. — Kien vi iras? — Mi iras en la ĝardenon. — La birdo flugas en la ĉambro (= ĝi estas en la ĉambro kaj flugas en ĝi). — La birdo flugas en la ĉambron (= ĝi estas ekster la ĉambro kaj flugas nun en ĝin). — Mi vojaĝas en Hispanujo. — Mi vojaĝas en Hispanujon. — Mi sidas sur seĝo kaj tenas la piedojn sur benketo. — Mi metis la manon sur la tablon. — El sub la kanapo la muso kuris sub la liton, kaj nun ĝi kuras sub la lito. — Super la tero sin trovas aero. — Anstataŭ kafo li donis al mi teon kun sukero, sed sen kremo. — Mi staras ekster la domo, kaj li estas interne. — En la salono estis neniu krom li kaj lia fianĉino. — La hirundo flugis trans la riveron, ĉar trans la rivero sin trovis aliaj hirundoj. — Mi restas tie ĉi laŭ la ordono de mia estro. — Kiam li estis ĉe mi, li staris tutan horon apud la fenestro. — Li diras, ke mi estas atenta. — Li petas, ke mi estu atenta. — Kvankam vi estas riĉa, mi dubas, ĉu vi estas feliĉa. — Se vi scius, kiu li estas, vi lin pli estimus. — Se li jam venis, petu lin al mi. — Ho, Dio! kion vi faras! — Ha, kiel bele! — For de tie ĉi! — Fi, kiel abomene! — Nu, iru pli rapide!

ekster hors, en dehors de | outside, without | ausser, ausserhalb | внѣ | zewnątrz.
vojaĝi voyager | voyage | reisen | путешествовать | podróżować.
piedo pied | foot | Fuss, Bein | нога | noga.
benko banc | bench | Bank | скамья | ławka.

et marque diminution. décroissance; ex. **muro** mur—**mureto** petit mur ; **ridi** rire—**rideti** sourire | denotes diminution of degree; e. g. **ridi** laugh—**rideti** smile | bezeichnet eine Verkleinerung oder Schwächung; z. B. **muro** Wand—**mureto** Wändchen; **ridi** lachen—**rideti** lächeln | означаетъ уменьшеніе или ослабленіе степени ; напр. **muro** стѣна—**mureto** стѣнка ; **ridi** смѣяться—**rideti** улыбаться | oznacza zmniejszenie lub osłabienie stopnia ; np. **muro** ściana—**mureto** ścianka ; **ridi** śmiać się—**rideti** uśmiechać się.
meti mettre | put, place | hinthun | дѣть, класть | podziać.
kanapo canapé | sofa, lounge | Kanapee | диванъ | kanapa.
muso souris | mouse | Maus | мышь | mysz.
lito lit | bed | Bett | кровать | łóżko.
super au dessus de | over, above | über, oberhalb | надъ | nad.
aero air | air | Luft | воздухъ | powietrze.
kafo café | coffee | Kaffee | кофе | kawa.
teo thé | tea | Thee | чай | herbata.
sukero sucre | sugar | Zucker | сахаръ | cukier.
kremo crème | cream | Schmant | сливки | śmietanka.
interne à l'intérieur, dedans | within | innerhalb | внутри | wewnątrz.
fianĉo fiancé | betrothed person | Bräutigam | женихъ | narzeczony.
hirundo hirondelle | swallow | Schwalbe | ласточка | jaskółka.
trans au delà | across | jenseit | черезъ, надъ | przez.
rivero rivière, fleuve | river | Fluss | рѣка | rzeka.
estro chef | chief | Vorsteher | начальникъ | zwierzchnik.
atenta attentif | attentive | aufmerksam | внимательный | uważny.
kvankam quoique | although | obwohl | хотя | chociaż.
dubi douter | doubt | zweifeln | сомнѣваться | wątpić.
estimi estimer | esteem | schätzen, achten | уважать | szanować.
fi fi donc! | fie! | pfui! | фи, тьфу | fe!
abomeno abomination | abomination | Abscheu | отвращеніе | odraza.
rapida rapide, vite | quick, rapid | schnell | быстрый | prędki.

§ 27.

La artikolo „la" estas uzata tiam, kiam ni parolas pri personoj aŭ objektoj konataj. Ĝia uzado estas tia sama kiel en la aliaj lingvoj. La personoj, kiuj ne komprenas la uzadon de la artikolo (ekzemple rusoj aŭ poloj, kiuj ne scias alian lingvon krom sia propra), povas en la unua tempo tute ne uzi la artikolon, ĉar ĝi estas oportuna sed ne necesa. Anstataŭ „la"·oni povas ankaŭ diri „l'" (sed nur post prepozicio, kiu finiĝas per vokalo). — Vortoj kunmetitaj estas kreataj per simpla kunligado de vortoj; oni prenas ordinare la purajn radikojn, sed, se la bonsoneco aŭ la klareco postulas, oni povas ankaŭ preni la tutan vorton, t. e. la radikon kune kun ĝia gramatika finiĝo. Ekzemploj: skribtablo aŭ skribotablo (= tablo, sur kiu oni skribas); internacia (= kiu estas inter diversaj nacioj); tutmonda (= de la tuta mondo); unutaga (=kiu daŭras unu tagon); unuataga (= kiu estas en la unua tago); vaporŝipo (= ŝipo, kiu sin movas per vaporo); matenmanĝi, tagmanĝi, vespermanĝi; abonpago (= pago por la abono).

artikolo article | article | Artikel | членъ, статья | artykuł, przedimek.
tiam alors | then | dann | тогда | wtedy.
objekto objet | object | Gegenstand | предметъ | przedmiot.
tia tel | such | solcher | такой | taki.
kompreni comprendre | understand | verstehen | понимать | rozumieć.
ekzemplo exemple | example | Beispiel | примѣръ | przykład.
polo Polonais | Pole | Pole | Полякъ | Polak.
necesa nécessaire | necessary | nothwendig | необходимый | niezbędny.
prepozicio préposition | preposition | Vorwort | предлогъ | przyimek.
vokalo voyelle | vowel | Vokal | гласная | samogłoska.
kunmeti composer | compound | zusammensetzen | слагать | składać.
simpla simple | simple | einfach | простой | prosty, zwyczajny.
ligi lier | bind, tie | binden | связывать | wiązać.
radiko racine | root | Wurzel | корень | korzeń.
soni sonner, rendre des sons | sound | tönen, lauten | звучать | brzmieć.
klara clair | clear | klar | ясный | jasny.

postuli exiger, requérir | require, claim | fordern | требовать | żądać.
gramatiko grammaire | grammar | Grammatik | грамматика | gramatyka.
nacio nation | nation | Nation | нація, народъ | naród, nacja.
diversa divers | various, diverse | verschieden | различный | różny.
ŝipo navire | ship | Schiff | корабль | okręt.
matenmanĝi déjeuner | breakfast | frühstücken | завтракать | śniadać.
aboni abonner | subscribe | abonniren | подписываться | prenumerować.

§ 28.

Ĉiuj prepozicioj per si mem postulas ĉiam nur la nominativon. Se ni iam post prepozicio uzas la akuzativon, la akuzativo tie dependas ne de la prepozicio, sed de aliaj kaŭzoj. Ekzemple : por esprimi direkton, ni aldonas al la vorto la finon ,,n"; sekve: tie (= en tiu loko), tien (= al tiu loko); tiel same ni ankaŭ diras : ,,la birdo flugis en la ĝardenon, sur la tablon", kaj la vortoj ,,ĝardenon", ,,tablon" staras ĉie ĉi en akuzativo ne ĉar la prepozicioj ,, en" kaj ,,sur" tion ĉi postulas, sed nur ĉar ni volis esprimi direkton, t. e. montri, ke la birdo sin ne trovis antaŭe en la ĝardeno aŭ sur la tablo kaj tie flugis, sed ke ĝi de alia loko flugis al la ĝardeno, al la tablo (ni volas montri, ke la ĝardeno kaj tablo ne estis la loko de la flugado, sed nur la celo de la flugado); en tiaj okazoj ni uzus la finiĝon ,,n" tute egale ĉu ia prepozicio starus aŭ ne. — Morgaŭ mi veturos Parizon (aŭ en Parizon). — Mi restos hodiaŭ dome. — Jam estas tempo iri domen. — Ni disiĝis kaj iris en diversajn flankojn : mi iris dekstren, kaj li iris maldekstren. — Flanken, sinjoro! — Mi konas neniun en tiu ĉi urbo. — Mi neniel povas kompreni, kion vi parolas. — Mi renkontis nek lin, nek lian fraton (aŭ mi ne renkontis lin, nek lian fraton).

nominativo nominatif | nominative | Nominativ | именительный падежъ | pierwszy przypadek.
iam jamais, un jour | at any time, ever | irgend wann | когда нибудь | kiedyś.
akuzativo accusatif | accusativ | Accusativ | винительный падежъ | czwarty przypadek.
tie ĥi-bas, ĥa, y | there | dort | тамъ | tam.
dependi dépendre | depend | abhängen | зависѣть | zależeć.
kaŭzo cause | cause | Ursache | причина | przyczyna.
esprimi exprimer | express | ausdrücken | выражать | wyrażać.
direkti diriger | direct | richten | направлять | kierować.
celi viser | aim | zielen | цѣлиться | celować.
egala égal | equal | gleich | одинаковый | jednakowy.
ia quelconque | of any kind | irgend welcher | какой-нибудь | jakiś.
veturi aller, partir | journey, travel | fahren | ѣхать | jechać.
dis marque division, dissémination; ex. **iri** aller—**disiri** se séparer, aller chacun de son côté | has the same force as the English prefix dis; e. g. **semi** sow—**dissemi** disseminate; **ŝiri** tear—**disŝiri** tear to pieces | zer-; z. B. **ŝiri** reissen—**disŝiri** zerreissen | раз-; напр. **ŝiri** рвать—**disŝiri** разрывать | roz-; np. **ŝiri** rwać—**disŝiri** rozrywać.
flanko côté | side | Seite | сторона | strona.
dekstra droit, droite | right-hand | recht | правый | prawy.
neniel nullement, en aucune façon | nohow | keineswegs, auf keine Weise | никакъ | w żaden sposób.
nek—nek ni—ni | neither—nor | weder—noch | ни—ни | ani—ani.

§ 29.

Se ni bezonas uzi prepozicion kaj la senco ne montras al ni, kian prepozicion uzi, tiam ni povas uzi la komunan prepozicion „je". Sed estas bone uzadi la vorton „je" kiel eble pli malofte. Anstataŭ la vorto „je" ni povas ankaŭ uzi akuzativon sen prepozicio. — Mi ridas je lia naiveco (aŭ mi ridas pro lia naiveco, aŭ: mi ridas lian naivecon). — Je la lasta fojo mi vidas lin ĉe vi (aŭ: la lastan fojon). — Mi veturis du tagojn kaj unu nokton. — Mi sopiras je mia perdita feliĉo (aŭ: mian perditan feliĉon). — El la dirita regulo sekvas, ke se ni pri ia verbo ne scias, ĉu ĝi postulas post si la akuzativon (t. e. ĉu ĝi estas aktiva) aŭ ne, ni povas ĉiam uzi la akuzativon. Ekzemple, ni povas diri „obei al la patro" kaj „obei la patron" (anstataŭ „obei je la patro"). Sed ni ne uzas la akuzativon tiam, kiam la klareco de la senco tion ĉi malpermesas; ekzemple: ni povas diri „pardoni al la malamiko" kaj „pardoni la malamikon", sed ni devas diri ĉiam „pardoni al la malamiko lian kulpon".

senco sens, acception | sense | Sinn | смыслъ | sens, znaczenie.
komuna commun | common | gemeinsam | общій | ogólny, wspólny
ebla possible | able, possible | möglich | возможный | możliwy.
ofte souvent | often | oft | часто | często.
ridi rire | laugh | lachen | смѣяться | śmiać się.
lasta dernier | last, latest | letzt | послѣдній | ostatni.
sopiri soupirer | sigh, long for | sich sehnen | тосковать | tęsknić.
regulo règle | rule | Regel | правило | prawidło.
verbo verbe | verb | Zeitwort | глаголъ | czasownik.
obei obéir | obey | gehorchen | повиноваться | być posłusznym.
permesi permettre | permit, allow | erlauben | позволять | pozwalać.

§ 30.

Ia, ial, iam, ie, iel, ies, io, iom, iu. — La montritajn naŭ vortojn ni konsilas bone ellerni, ĉar el ili ĉiu povas jam fari al si grandan serion da aliaj pronomoj kaj adverboj. Se ni aldonas al ili la literon „k", ni ricevas vortojn demandajn aŭ rilatajn: kia, kial, kiam, kie, kiel, kies, kio, kiom, kiu. Se ni aldonas la literon „t", ni ricevas vortojn montrajn: tia, tial, tiam, tie, tiel, ties, tio, tiom, tiu. Aldonante la literon „ĉ", ni ricevas vortojn komunajn: ĉia, ĉial, ĉiam, ĉie, ĉiel, ĉies, ĉio, ĉiom, ĉiu. Aldonante la prefikson „nen", ni ricevas vortojn neajn: nenia, nenial, neniam, nenie, neniel, nenies, nenio, neniom, neniu. Aldonante al la vortoj montraj la vorton „ĉi", ni ricevas montron pli proksiman; ekzemple: tiu (pli malproksima), tiu ĉi (aŭ ĉi tiu) (pli proksima); tie (malproksime), tie ĉi aŭ ĉi tie (proksime). Aldonante al la vortoj demandaj la vorton „ajn", ni ricevas vortojn sendiferencajn: kia ajn, kial ajn, kiam ajn, kie ajn, kiel ajn, kies ajn, kio ajn, kiom ajn, kiu ajn. Ekster tio el la diritaj vortoj ni povas ankoraŭ fari aliajn vortojn, per helpo de gramatikaj finiĝoj kaj aliaj vortoj (sufiksoj); ekzemple: tiama, ĉiama, kioma, tiea, ĉi-tiea, tieulo, tiamulo k. t. p. (= kaj tiel plu).

ia quelconque, quelque | of any kind | irgend welcher | какой-нибудь | jakiś
ial pour une raison quelconque | for any cause | irgend warum | почему-нибудь | dla jakiejś przyczyny.
iam jamais, un jour | at any time, ever | irgend wann, einst | когда-нибудь | kiedyś.
ie quelque part | any where | irgend wo | гдѣ-нибудь | gdzieś.
iel d'une manière quelconque | anyhow | irgend wie | какъ-нибудь | jakoś.
ies de quelqu'un | anyone's | irgend jemandes | чей-нибудь | czyjś.
io quelque chose | anything | etwas | что-нибудь | coś.
iom quelque peu | any quantity | ein wenig, irgend wie viel | сколько-нибудь | ilekolwiek.
iu quelqu'un | any one | jemand | кто-нибудь | ktoś.
konsili conseiller | advise, counsel | rathen | совѣтовать | radzić.
serio série | series | Reihe | рядъ, серія | serja.
pronomo pronom | pronoun | Fürwort | мѣстоименіе | zaimek.
adverbo adverbe | adverb | Nebenwort | нарѣчіе | przysłówek.
litero lettre (de l'alphabet) | letter (of the alphabet) | Buchstabe | буква | litera.
rilati concerner, avoir rapport à | be related to | sich beziehen | относиться | odnosić się.
prefikso préfixe | prefix | Präfix | приставка | przybranka.
ajn que ce soit | ever | auch nur | бы-ни | kolwiek, bądź.

diferenci différer (v. n.) | differ | sich unterscheiden | различаться | różnić się.
helpi aider | help | helfen | помогать | pomagać.
sufikso sufixe | suffix | Suffix | суффиксъ | przyrostek.

§ 31.

Lia kolero longe daŭris. — Li estas hodiaŭ en kolera humoro. — Li koleras kaj insultas. — Li fermis koleгe la pordon. — Lia filo mortis kaj estas nun malviva. — La korpo estas morta, la animo estas senmorta. — Li estas morte malsana, li ne vivos pli, ol unu tagon. — Li parolas, kaj lia parolo fluas dolĉe kaj agrable. — Ni faris la kontrakton ne skribe, sed parole. — Li estas bona parolanto. — Starante ekstere, li povis vidi nur la eksteran flankon de nia domo. — Li loĝas ekster la urbo. — La ekstero de tiu ĉi homo estas pli bona, ol lia interno. — Li tuj faris, kion mi volis, kaj mi dankis lin por la tuja plenumo de mia deziro. — Kia granda brulo! kio brulas? — Ligno estas bona brula materialo. — La fera bastono, kiu kuŝis en la forno, estas nun brule varmega. — Ĉu li donis al vi jesan respondon aŭ nean? Li eliris el la dormoĉambro kaj eniris en la manĝoĉambron. — La birdo ne forflugis : ĝi nur deflugis de la arbo, alflugis al la domo kaj surflugis sur la tegmenton. — Por ĉiu aĉetita funto da teo tiu ĉi komercisto aldonas senpage funton da sukero. — Lernolibron oni devas ne tralegi, sed tralerni. — Li portas rozokoloran superveston kaj teleroforman ĉapelon. — En mia skribotablo sin trovas kvar tirkestoj. — Liaj liparoj estas pli grizaj, ol liaj vangharoj.

humoro humeur | humor | Laune | расположеніе духа | humor.
fermi fermer | shut | schliessen, zumachen | запирать | zamykać.

korpo corps | body | Körper | тѣло | ciało.
animo âme | soul | Seele | душа | dusza.
kontrakti contracter | contract | einen Vertrag abschliessen | заключать договоръ | zawierać umowę.
um suffixe peu employé, et qui reçoit différents sens aisément suggérés par le contexte et la signification de la racine à laquelle il est joint | this syllable has no fixed meaning | Suffix von verschiedener Bedeutung | суффиксъ безъ постояннаго значенія | przyrostek nie mający stałego znaczenia.
(**plenumi** accomplir | fulfil, accomplish | erfüllen | исполнять | spełniać).
bruli brûler (être en feu) | burn (v. n.) | brennen (v. n.) | горѣть | palić się.
ligno bois | wood (the substance) | Holz | дерево, дрова | drzewo, drwa.
materialo matière | material | Stoff | матеріалъ | materjał.
bastono bâton | stick | Stock | палка | kij, laska.
tegmento toit | roof | Dach | крыша | dach.
funto livre | pound | Pfund | фунтъ | funt.
ist marque la profession; ex. **boto** botte—**botisto** bottier; **maro** mer—**maristo** marin | person occupied with; e. g. **boto**—boot—**botisto** boot-maker; **maro** sea—**maristo** sailor | sich mit etwas beschäftigend; z. B. **boto** Stiefel—**botisto** Schuster; **maro** Meer—**maristo** Seemann | занимающійся; напр. **boto** сапогъ—**botisto** сапожникъ; **маро** море—**maristo** морякъ | zajmujący się; np. **boto** but—**botisto** szewc; **maro** morze | **maristo** marynarz.
koloro couleur | color | Farbe | краска, цвѣтъ | kolor.
supre en haut | above, upper | oben | вверху | na górze.
telero assiette | plate | Teller | тарелка | talerz.
tero terre | earth | Erde | земля | ziemia.
kesto caisse, coffre | chest, box | Kiste, Kasten, Lade | ящикъ | skrzynia.
lipo lèvre | lip | Lippe | губа | warga.
haro cheveu | hair | Haar | волосъ | włos.
griza gris | grey | grau | сѣрый, сѣдой | szary, siwy.
vango joue | cheek | Wange | щека | policzek.

§ 32.

Teatramanto ofte vizitas la teatron kaj ricevas baldaŭ teatrajn manierojn. — Kiu okupas sin je meĥaniko, estas meĥanikisto, kaj kiu okupas sin je ĥemio, estas ĥemiisto. — Diplomatiiston oni povas ankaŭ nomi diplomato, sed fizikiston oni ne povas nomi fiziko, ĉar fiziko estas la nomo de la scienco mem. — La fotografisto fotografis min, kaj mi sendis mian fotografajon al mia patro. — Glaso de vino estas glaso, en kiu antaŭe sin trovis vino, aŭ kiun oni uzas por vino; glaso da vino estas glaso plena je vino. — Alportu al mi metron da nigra drapo (Metro de drapo signifus metron, kiu kuŝis sur drapo, aŭ kiu estas uzata por drapo). — Mi aĉetis dekon da ovoj. — Tiu ĉi rivero havas ducent kilometrojn da longo. — Sur la bordo de la maro staris amaso da homoj. — Multaj birdoj flugas en la aŭtuno en pli varmajn landojn. — Sur la arbo sin trovis multe (aŭ multo) da birdoj. — Kelkaj homoj sentas sin la plej feliĉaj, kiam ili vidas la suferojn de siaj najbaroj. — En la ĉambro sidis nur kelke da homoj. — „Da" post ia vorto montras, ke tiu ĉi vorto havas signifon de mezuro.

teatro théâtre | theatre | Theater | театръ | teatr.
maniero manière, façon | manner | Manier, Weise, Art | способъ, манера | sposób, manjera.
okupi occuper | occupy | einnehmen, beschäftigen | занимать | zajmować.
meĥaniko mécanique | mechanics | Mechanik | механика | mechanika.
ĥemio chimie | chemistry | Chemie | химія | chemia.
diplomatio diplomatie | diplomacy | Diplomatie | дипломатія | dyplomacja.
fiziko physique | physics | Physik | физика | fizyka.
scienco science | science | Wissenschaft | наука | nauka.
glaso verre (à boire) | glass | Glas (Gefäss) | стаканъ | szklanka.
nigra noir | black | schwarz | черный | czarny.
drapo drap | woollen goods | Tuch (wollenes Gewebe) | сукно | sukno
signifi signifier | signify, mean | bezeichnen, bedeuten | означать | oznaczać.
ovo œuf | egg | Ei | яйцо | jajko.

bordo bord, rivage | shore | Ufer | берегъ | brzeg.
maro mer | sea | Meer | море | morze.
amaso amas, foule | crowd, mass | Haufen, Menge | куча, толпа | kupa, tłum.
aŭtuno automne | autumn | Herbst | осень | jesień.
lando pays | land, country | Land | страна | kraj.
suferi souffrir, endurer | suffer | leiden | страдать | cierpieć.
najbaro voisin | neighbour.| Nachbar | сосѣдъ | sąsiad.
mezuri mesurer | measure | messen | мѣрить | mierzyć.

§ 33.

Mia frato ne estas granda, sed li ne estas ankaŭ malgranda: li estas de meza kresko. — Li estas tiel dika, ke li ne povas trairi tra nia mallarĝa pordo. — Haro estas tre maldika. — La nokto estis tiel malluma, ke ni nenion povis vidi eĉ antaŭ nia nazo. — Tiu ĉi malfreŝa pano estas malmola, kiel ŝtono. — Malbonaj infanoj amas turmenti bestojn. — Li sentis sin tiel malfeliĉa, ke li malbenis la tagon, en kiu li estis naskita. — Ni forte malestimas tiun ĉi malnoblan homon. — La fenestro longe estis nefermita; mi ĝin fermis, sed mia frato tuj ĝin denove malfermis. — Rekta vojo estas pli mallonga, ol kurba. — La tablo staras malrekte kaj kredeble baldaŭ renversiĝos. — Li staras supre sur la monto kaj rigardas malsupren sur la kampon. — Malamiko venis en nian landon. — Oni tiel malhelpis al mi, ke mi malbonigis mian tutan laboron. — La edzino de mia patro estas mia patrino kaj la avino de miaj infanoj. — Sur la korto staras koko kun tri kokinoj. — Mia fratino estas tre bela knabino. — Mia onklino estas bona virino. — Mi vidis vian avinon kun ŝiaj kvar nepinoj kaj kun mia nevino. — Lia duonpatrino estas mia bofratino. — Mi havas bovon kaj bovinon. — La juna vidvino fariĝis denove fianĉino.

mezo milieu | middle | Mitte | средина | środek.
kreski croître | grow, increase | wachsen | рости | rosnąć.
dika gros | thick, fat | dick | толстый | gruby.
larĝa large | broad | breit | широкій | szeroki.
lumi luire | light | leuchten | свѣтить | świecić.
mola mou | soft | weich | мягкій | miękki.
turmenti tourmenter | torment | quälen, martern | мучить | męczyć.
senti ressentir, éprouver | feel, perceive | fühlen | чувствовать | czuć.
beni bénir | bless | segnen | благословлять | błogosławić.
nobla noble | noble | edel | благородный | szlachetny.
rekta droit, direct | straight | gerade | прямой | prosty.
kurba courbe, tortueux | curved | krumm | кривой | krzywy.
kredi croire | believe | glauben | вѣрить | wierzyć.
renversi renverser | upset | umwerfen, umstürzen | опрокидывать | przewracać.
monto montagne | mountain | Berg | гора | góra.
kampo champ, campagne | field | Feld | поле | pole.
koko coq | cock | Hahn | пѣтухъ | kogut.
nepo petit-fils | grandson | Enkel | внукъ | wnuk.
nevo neveu | nephew | Neffe | племянникъ | siostrzeniec, bratanek.
bo marque la parenté résultant du mariage; ex. **patro** père —
  bopatro beau-père | relation by mariage; e. g. **patrino** mother
  — **bopatrino** mother-in-law | durch Heirath erworben; z. B.
  patro Vater — **bopatro** Schwiegervater; **frato** Bruder —
  bofrato Schwager | пріобрѣтенный бракомъ; напр. **patro**
  отецъ — **bopatro** тесть, свекоръ; **frato** братъ — **bofrato**
  шуринъ, зять, деверь | nabyty przez małżeństwo; np. **patro**
  ojciec — **bopatro** teść; **frato** brat — **bofrato** szwagier.
duonpatro beau-père | step-father | Stiefvater | отчимъ | ojczym.
bovo bœuf | ox | Ochs | быкъ | byk.

§ 34.

La tranĉilo estis tiel malakra, ke mi ne povis tranĉi per ĝi la viandon kaj mi devis uzi mian poŝan tranĉilon. — Ĉu vi havas korktirilon, por malŝtopi la botelon? — Mi volis ŝlosi la pordon, sed mi perdis la ŝlosilon. — Ŝi kombas al si la harojn per arĝenta kombilo. — En somero ni veturas per diversaj veturiloj, kaj en vintro ni veturas per glitveturilo. — Hodiaŭ estas bela frosta vetero, tial mi prenos miajn glitilojn kaj iros gliti. — Per hakilo ni hakas, per segilo ni segas, per fosilo ni fosas, per kudrilo ni kudras, per tondilo ni tondas, per sonorilo ni sonoras, per fajfilo ni fajfas. — Mia skribilaro konsistas el inkujo, sablujo, kelke da plumoj, krajono kaj inksorbilo. — Oni metis antaŭ mi manĝilaron, kiu konsistis el telero, kulero, tranĉilo, forko, glaseto por brando, glaso por vino kaj telertuketo. — En varmega tago mi amas promeni en arbaro. — Nia lando venkos, ĉar nia militistaro estas granda kaj brava. — Sur kruta ŝtuparo li levis sin al la tegmento de la domo. — Mi ne scias la lingvon hispanan, sed per helpo de vortaro hispana-germana mi tamen komprenis iom vian leteron. — Sur tiuj ĉi vastaj kaj herboriĉaj kampoj paŝtas sin grandaj brutaroj, precipe aroj da bellanaj ŝafoj.

viando viande | meat, flesch | Fleisch | мясо | mięso.
poŝo poche | pocket | Tasche | карманъ | kieszeń.
korko bouchon | cork | Kork | пробка | korek.
tiri tirer | draw, pull, drag | ziehen | тянуть | ciągnąć.
ŝtopi boucher | stop, fasten down | stopfen | затыкать | zatykac.
botelo bouteille | bottle | Flasche | бутылка | butelka.
ŝlosi fermer à clef | lock, fasten | schliessen | запирать на ключъ | zamykać na klucz.
kombi peigner | comb | kämmen | чесать | czesać.
somero été | summer | Sommer | лѣто | lato.
gliti glisser | skate | gleiten, glitschen | скользить, кататься | ślizgać się.
frosto gelée | frost | Frost | морозъ | mróz.
vetero temps (température) | weather | Wetter | погода | pogoda.
haki hacher, abattre | hew, chop | hauen, hacken | рубить | rąbać.
segi scier | saw | sägen | пилить | piłować.
fosi creuser | dig | graben | копать | kopać.
kudri coudre | sew | nähen | шить | szyć.
tondi tondre | clip, shear | scheeren | стричъ | strzydz.
sonori tinter | give out a sound (as a bell) | klingen | звенѣть | brzęczeć, dzwonić.

fajfi siffler | whistle | pfeifen | свистать | świstać.
inko encre | ink | Tinte | чернила | atrament.
sablo sable | sand | Sand | песокъ | piasek.
sorbi humer | sip | schlürfen | хлебать | chlipać.
brando eau-de-vie | brandy | Branntwein | водка | wódka.
tuko mouchoir | cloth | Tuch (Hals-, Schnupf- etc.) | платокъ | chustka.
militi guerroyer | fight | Krieg führen | воевать | wojować.
brava brave, solide | valliant, brave | tüchtig | дѣльный, удалый | dzielny, chwacki.
kruta roide, escarpé | steep | steil | крутой | stromy.
ŝtupo marche, échelon | step | Stufe | ступень | stopień.
Hispano Espagnol | Spaniard | Spanier | Испанецъ | Hiszpan.
Germano Allemand | German | Deutscher | Нѣмецъ | Niemiec.
tamen pourtant, néanmoins | however, nevertheless | doch, jedoch | однако | jednak.
vasta vaste, étendu | wide, vast | weit, geräumig | обширный, просторный | obszerny.
herbo herbe | grass | Gras | трава | trawa.
paŝti paître | pasture, feed animals | weiden lassen | пасти | paść.
bruto brute, bétail | brute | Vieh | скотъ | bydło.
precipe principalement, surtout | particularly | besonders, vorzüglich | преимущественно | szczególnie.
lano laine | wool | Wolle | шерсть | wełna.
ŝafo mouton | sheep | Schaf | овца | owca.

§ 35.

Vi parolas sensencaĵon, mia amiko. — Mi trinkis teon kun kuko kaj konfitaĵo. — Akvo estas fluidaĵo. — Mi ne volis trinki la vinon, ĉar ĝi enhavis en si ian suspektan malklaraĵon. — Sur la tablo staris diversaj sukeraĵoj. — En tiuj ĉi boteletoj sin trovas diversaj acidoj : vinagro, sulfuracido, azotacido kaj aliaj. — Via vino estas nur ia abomena acidaĵo. — La acideco de tiu ĉi vinagro estas tre malforta. — Mi manĝis bongustan ovaĵon. — Tiu ĉi granda altaĵo ne estas natura monto. — La alteco de tiu monto ne estas tre granda. — Kiam mi ien veturas, mi neniam prenas kun mi multon da pakaĵo. — Ĉemizojn, kolumojn, manumojn kaj ceterajn similajn objektojn ni nomas tolaĵo, kvankam ili ne ĉiam estas faritaj el tolo. — Glaciaĵo estas dolĉa glaciigita frandaĵo. — La riĉeco de tiu ĉi homo estas granda, sed lia malsaĝeco estas ankoraŭ pli granda. — Li amas tiun ĉi knabinon pro ŝia beleco kaj boneco. — Lia heroeco tre plaĉis al mi. — La tuta supraĵo de la lago estis kovrita per naĝantaj folioj kaj diversaj aliaj kreskaĵoj. — Mi vivas kun li en granda amikeco:

kuko gâteau | cake | Kuchen | пирогъ | pierożek.
konfiti confire | preserve with sugar | einmachen (mit Zucker) | варить въ сахарѣ | smażyć w cukrze.
fluida liquide | fluid | flüssig | жидкій | płynny.
suspekti suspecter, soupçonner | suspect | verdächtigen | подозрѣвать | podejrzewać.
acida aigre | sour | sauer | кислый | kwaśny.
vinagro vinaigre | vinegar | Essig | уксусъ | ocet.
sulfuro soufre | sulphur | Schwefel | сѣра | siara.
azoto azote | azote | Stickstoff | азотъ | azot.
gusto goût | taste | Geschmack | вкусъ | smak, gust.
alta haut | high | hoch | высокій | wysoki.
naturo nature | nature | Natur | природа | przyroda.
paki empaqueter, emballer | pack, put up | packen, einpacken | укладывать, упаковывать | pakować.
ĉemizo chemise | shirt | Hemd | сорочка | koszula.
kolo cou | neck | Hals | шея | szyja.
cetera autre (le reste) | rest, remainder | übrig | прочій | pozostały.
tolo toile | linen | Leinwand | полотно | płótno.
glacio glace | ice | Eis | ледъ | lód.
frandi goûter par friandise | dainty | naschen | лакомиться | złakomić się.
heroo héros | hero, champion | Held | герой | bohater.
plaĉi plaire | please | gefallen | нравиться | podobać się.
lago lac | lake | See (der) | озеро | jezioro.
kovri couvrir | cover | verdecken, verhüllen | закрывать | zakrywać.
naĝi nager | swim | schwimmen | плавать | pływać.
folio feuille | leaf | Blatt; Bogen | листъ | liść, arkusz.

§ 36.

Patro kaj patrino kune estas nomataj gepatroj. — Petro, Anno kaj Elizabeto estas miaj gefratoj. — Gesinjoroj N. hodiaŭ vespere venos al ni. — Mi gratulis telegrafe la junajn geedzojn. — La gefianĉoj staris apud la altaro. — La patro de mia edzino estas mia bopatro, mi estas lia bofilo, kaj mia patro estas la bopatro de mia edzino. — Ĉiuj parencoj de mia edzino estas miaj boparencoj, sekve ŝia frato estas mia bofrato, ŝia fratino estas mia bofratino; mia frato kaj fratino (gefratoj) estas la bogefratoj de mia edzino. — La edzino de mia nevo kaj la nevino de mia edzino estas miaj bonevinoj. — Virino, kiu kuracas, estas kuracistino; edzino de kuracisto estas kuracistedzino. — La doktoredzino A. vizitis hodiaŭ la gedoktorojn P. — Li ne estas lavisto, li estas lavistinedzo. — La filoj, nepoj kaj pranepoj de reĝo estas reĝidoj. — La hebreoj estas Izraelidoj, ĉar ili devenas de Izraelo. — Ĉevalido estas nematura ĉevalo, kokido — nematura koko, bovido — nematura bovo, birdido — nematura birdo.

ge les deux sexes réunis; ex. **patro** père — **gepatroj** les parents (père et mère) | of both sexes; e. g. **patro** father — **gepatroj** parents | beiderlei Geschlechtes; z. B. **patro** Vater — **gepatroj** Eltern; **mastro** Wirth — **gemastroj** Wirth und Wirthin | обоего пола; напр. **patro** отецъ — **gepatroj** родители; **mastro** хозяинъ — **gemastroj** хозяинъ съ хозяйкой | obojej płci; np. **patro** ojciec — **gepatroj** rodzice; **mastro** gospodarz, **gemastroj** gospodarstwo (gospodarz i gospodyni).

gratuli féliciter | congratulate | gratuliren | поздравлять | winszować.

altaro autel | altar | Altar | алтарь | ołtarz.

kuraci traiter (une maladie) | cure, heal | kuriren, heilen | лѣчить | leczyć.

doktoro docteur | doctor | Doctor | докторъ | doktór.

pra bis-, arrière- | great-, primordial | ur- | пра- | pra-.
id enfant, descendant; ex. bovo bœuf — bovido veau; Izraelo Israël — Izraelido Israëlite | descendant, young one; e. g. bovo ox — bovido calf; Izraelo Israel — Izraelido Israelite | Kind, Nachkomme; z. B. bovo Ochs — bovido Kalb; Izraelo Israel — Izraelido Israelit | дитя, потомокъ; напр. bovo быкъ bovido теленокъ; Izraelo Израиль — Izraelido Израильтянинъ | dziecię, potomek; np. bovo byk — bovido cielę; Izraelo Izrael — Izraelido Izraelita.
hebreo juif | Jew | Jude | еврей | żyd.
ĉevalo cheval | horse | Pferd | конь | koń.

§ 37.

La ŝipanoj devas obei la ŝipestron. — Ĉiuj loĝantoj de regno estas regnanoj. — Urbanoj estas ordinare pli ruzaj, ol vilaĝanoj. — La regnestro de nia lando estas bona kaj saĝa reĝo. — La Parizanoj estas gajaj homoj. — Nia provincestro estas severa, sed justa. — Nia urbo havas bonajn policanojn, sed ne sufiĉe energian policestron. — Luteranoj kaj Kalvinanoj estas kristanoj. — Germanoj kaj francoj, kiuj loĝas en Rusujo, estas Rusujanoj, kvankam ili ne estas rusoj. — Li estas nelerta kaj naiva provincano. — La loĝantoj de unu regno estas samregnanoj, la loĝantoj de unu urbo estas samurbanoj, la konfesantoj de unu religio estas samreligianoj. — Nia regimentestro estas por siaj soldatoj kiel bona patro. — La botisto faras botojn kaj ŝuojn. — La lignisto vendas lignon, kaj la lignaĵisto faras tablojn, seĝojn kaj aliajn lignajn objektojn. — Ŝteliston neniu lasas en sian domon. — La kuraĝa maristo dronis en la maro. — Verkisto verkas librojn, kaj skribisto simple transskribas paperojn. — Ni havas diversajn servantojn : kuiriston, ĉambristinon, infanistinon kaj veturigiston. — La riĉulo havas multe da mono. — Malsaĝulon ĉiu batas. — Timulo timas eĉ sian propran ombron. — Li estas mensogisto kaj malnoblulo. — Preĝu al la Sankta Virgulino.

an membre, habitant, partisan; ex. **regno** l'état — **regnano** citoyen | inhabitant, member; e. g. regno state — regnano citizen; **Nov-Jorko** New-York — **Nov-Jorkano** New-Yorker | Mitglied, Einwohner, Anhänger; z. B. **regno** Staat — **regnano** Bürger; **Varsoviano** Warschauer | членъ, житель, приверженецъ; напр. regno государство — regnano гражданинъ; **Varsoviano** Варшавянинъ | członek, mieszkaniec, zwolennik; np. regno państwo — regnano obywatel; **Varsoviano** Warszawianin.
regno l'Etat | kingdom | Staat | государство | państwo.
vilaĝano paysan | countryman | Bauer | крестьянинъ | wieśniak.
provinco province | province | Provinz | область, провинція | prowincja.
severa sévère | severe | streng | строгій | surowy, srogi, ostry.
justa juste | just, righteous | gerecht | справедливый | sprawiedliwy.
polico police | police | Polizei | полиція | policja.
sufiĉe suffisant | enough | genug | довольно, достаточно | dosyć, dostatecznie.
Kristo Christ | Christ | Christus | Христосъ | Chrystus.
Franco Français | Frenchman | Franzose | Французъ | Francuz.
konfesi avouer | confess | bekennen | признавать, исповѣдывать | przyznawać.
religio religion | religion | Religion | вѣра, религія | religja.
regimento regiment | regiment | Regiment | полкъ | półk.
boto botte | boot | Stiefel | сапогъ | but.
ŝuo soulier | shoe | Schuh | башмакъ | trzewik.
lasi laisser, abandonner | leave, let alone | lassen | пускать, оставлять | puszczać, zostawiać.
droni se noyer | drown | ertrinken | тонуть | tonąć.
verki composer, faire des ouvrages (littér.) | work (literary) | verfassen | сочинять | tworzyć, pisać.
ul qui est caractérisé par telle ou telle qualité; ex. **bela** beau — **belulo** bel homme | person noted for...; e. g. **avara** covetous — **avarulo** miser, covetous person | Person, die sich durch... unterscheidet; z. B. **juna** jung — **junulo** Jüngling | особа, отличающаяся даннымъ качествомъ; напр. **bela** красивый— **belulo** красавецъ | człowiek posiadający dany przymiot; np. **riĉa** bogaty — **riĉulo** bogacz.
oĉ même, jusqu'à | even | sogar | даже | nawet.

ombro ombre | shadow | Schatten | тѣнь | cień.
preĝi prier (Dieu) | pray | beten | молиться | modlić się.
virga virginal | virginal | jungfräulich | дѣвственный | dziewiczy.

§ 38.

Mi aĉetis por la infanoj tableton kaj kelke da seĝetoj. — En nia lando sin ne trovas montoj, sed nur montetoj. — Tuj post la hejto la forno estis varmega, post unu horo ĝi estis jam nur varma, post du horoj ĝi estis nur iom varmeta, kaj post tri horoj ĝi estis jam tute malvarma. — En somero ni trovas malvarmeton en densaj arbaroj. — Li sidas apud la tablo kaj dormetas. — Mallarĝa vojeto kondukas tra tiu ĉi kampo al nia domo. — Sur lia vizaĝo mi vidis ĝojan rideton. — Kun bruo oni malfermis la pordegon, kaj la kaleŝo enveturis en la korton. Tio ĉi estis jam ne simpla pluvo, sed pluvego. — Grandega hundo metis sur min sian antaŭan piedegon, kaj mi de teruro ne sciis, kion fari. — Antaŭ nia militistaro staris granda serio da pafilegoj. — Johanon, Nikolaon, Erneston, Vilhelmon, Marion, Klaron kaj Sofion iliaj gepatroj nomas Johanĉjo (aŭ Joĉjo), Nikolĉjo (aŭ Nikoĉjo aŭ Nikĉjo aŭ Niĉjo), Erneĉjo (aŭ Erĉjo), Vilhelĉjo (aŭ Vilheĉjo aŭ Vilĉjo aŭ Viĉjo), Manjo (aŭ Marinjo), Klanjo kaj Sonjo (aŭ Sofinjo).

densa épais, dense | dense | dicht | густой | gęsty.
brui faire du bruit | make a noise | lärmen, brausen | шумѣть | szumieć, hałasować.
kaleŝo carosse, calèche | carriage | Wagen | коляска | powóz.
pluvo pluie | rain | Regen | дождь | deszcz.
pafi tirer, faire feu | shoot | schiessen | стрѣлять | strzelać.
ĉj) après les 1—6 premières lettres d'un prénom masculin (nj—féminin) lui donne un caractère diminutif et caressant | affectio-

nate diminutive of masculine (**nj**—feminine) names | den ersten 1—6 Buchstaben eines männlichen (**nj**—weiblichen) Eigennamens beigefügt verwandelt diesen in ein Kosewort | приставленное къ 1—6 буквамъ имени собственнаго мужескаго (**nj** женскаго) пола, превращаетъ его въ ласкательное | dodane do pierwszych 1—6 liter imienia własnego męskiego (**nj**—żeńskiego) rodzaju zmienia je w pieszczotliwe.

§ 39.

En la kota vetero mia vesto forte malpuriĝis; tial mi prenis broson kaj purigis la veston. — Li paliĝis de timo kaj poste li ruĝiĝis de honto. — Li fianĉiĝis kun fraŭlino Berto; post tri monatoj estos la edziĝo; la edziĝa soleno estos en la nova preĝejo, kaj la edziĝa festo estos en la domo de liaj estontaj bogepatroj. — Tiu ĉi maljunulo tute malsaĝiĝis kaj infaniĝis. — Post infekta malsano oni ofte bruligas la vestojn de la malsanulo.— Forigu vian fraton, ĉar li malhelpas al ni. — Ŝi edziniĝis kun sia kuzo, kvankam ŝiaj gepatroj volis ŝin edzinigi kun alia persono. — En la printempo la glacio kaj la neĝo fluidiĝas. — Venigu la kuraciston, ĉar mi estas malsana. — Li venigis al si el Berlino multajn librojn. — Mia onklo ne mortis per natura morto, sed li tamen ne mortigis sin mem kaj ankaŭ estis mortigita de neniu; unu tagon, promenante apud la reloj de fervojo, li falis sub la radojn de veturanta vagonaro kaj mortiĝis. — Mi ne pendigis mian ĉapon sur tiu ĉi arbeto; sed la vento forblovis de mia kapo la ĉapon, kaj ĝi, flugante, pendiĝis sur la branĉoj de la arbeto.— Sidigu vin (aŭ sidiĝu), sinjoro! — La junulo aliĝis al nia militistaro kaj kuraĝe batalis kune kun ni kontraŭ niaj malamikoj.

koto boue | dirt | Koth, Schmutz | грязь | błoto.
broso brosse | brush | Bürste | щетка | szczotka.
ruĝa rouge | red | roth | красный | czerwony.
honti avoir honte | be ashamed | sich schämen | стыдиться | wstydzić się.
solena solennel | solemn | feierlich | торжественный | uroczysty.
infekti infecter | infect | anstecken | заражать | zarażać.
printempo printemps | spring time | Frühling | весна | wiosna.
relo rail | rail | Schiene | рельса | szyna.
rado roue | wheel | Rad | колесо | koło (od woza i t. p.)
pendi pendre, être suspendu | hang | hängen (v. n.). | висѣть | wisieć.
ĉapo bonnet | bonnet | Mütze | шапка | czapka.
vento vent | wind | Wind | вѣтеръ | wiatr.
blovi souffler | blow | blasen, wehen | дуть | dąć, dmuchać.
kapo tête | head | Kopf | голова | głowa.
branĉo branche | branch | Zweig | вѣтвь | gałąź.

§ 40.

En la daŭro de kelke da minutoj mi aŭdis du pafojn. — La pafado daŭris tre longe. — Mi eksaltis de surprizo. — Mi saltas tre lerte. — Mi saltadis la tutan tagon de loko al loko. — Lia hieraŭa parolo estis tre bela, sed la tro multa parolado lacigas lin. — Kiam vi ekparolis, ni atendis aŭdion novan, sed baldaŭ ni vidis, ke ni trompiĝis, — Li kantas tre belan kanton. — La kantado estas agrabla okupo. — La diamanto havas belan brilon. — Du ekbriloj de fulmo trakuris tra la malluma ĉielo. — La domo, en kiu oni lernas, estas lernejo, kaj la domo, en kiu oni preĝas, estas preĝejo. — La kuiristo sidas en la kuirejo. — La kuracisto konsilis al mi iri en ŝvitbanejon. — Magazeno, en kiu oni vendas cigarojn, aŭ ĉambro, en kiu oni tenas cigarojn, estas cigarejo ; skatoleto aŭ alia objekto, en kiu oni tenas cigarojn, estas cigarujo ; tubeto, en kiun oni metas cigaron, kiam oni ĝin fumas, estas cigaringo. — Skatolo, en kiu oni tenas plumojn, estas plumujo, kaj bastoneto, sur kiu oni tenas plumon por skribado, estas plumingo. — En la kandelingo sidis brulanta kandelo. — En la poŝo de mia pantalono mi portas monujon, kaj en la poŝo de mia surtuto mi portas paperujon; pli grandan paperujon mi portas sub la brako. — La rusoj loĝas en Rusujo kaj la germanoj en Germanujo.

surprizi surprendre | surprise | überraschen | дѣлать сюрпризъ | robić niespodzianki.
laca las, fatigué | weary | müde | усталый | zmęczony.
trompi tromper, duper | deceive, cheat | betrügen | обманывать | oszukiwać.
fulmo éclair | lightning | Blitz | молнія | błyskawica.
ŝviti suer | perspire | schwitzen | потѣть | pocić się.
bani baigner | bath | baden | купать | kąpać.
magazeno magazin | store | Kaufladen | лавка, магазинъ | sklep, magazyn.
vendi vendre | sell | verkaufen | продавать | sprzedawać.
cigaro cigare | cigar | Cigarre | сигара | cygaro.
tubo tuyau | tube | Röhre | труба | rura.
fumo fumée | smoke | Rauch | дымъ | dym.
ing marque l'objet dans lequel se met ou mieux s'introduit...; ex. **kandelo** chandelle—**kandelingo** chandelier | holder for; e. g. **kandelo** candle—**kandelingo** candle-stick | Gegenstand in den etwas eingestellt, eingesetzt wird; z. B. **kandelo** Kerze—**kandelingo** Leuchter | вещь, въ которую вставляется, всаживается...; напр. **kandelo** свѣча—**kandelingo** подсвѣчникъ | przedmiot, w który się coś wsadza, wstawia; np. **kandelo** świeca, **kandelingo** lichtarz.
skatolo boîte | small box, case | Büchse, Schachtel | коробка | pudełko.
pantalono pantalon | pantaloons, trowsers | Hosen | брюки | spodnie.
surtuto redingote | over-coat | Rock | сюртукъ | surdut.
brako bras | arm | Arm | рука, объятія | ramię.

§ 41.

Ŝtalo estas fleksebla, sed fero ne estas fleksebla. — Vitro estas rompebla kaj travidebla. — Ne ĉiu kreskaĵo estas manĝebla. — Via parolo estas tute nekomprenebla kaj viaj leteroj estas ĉiam skribitaj tute nelegeble. — Rakontu al mi vian malfeliĉon, ĉar eble mi povos helpi al vi. — Li rakontis al mi historion tute nekredeblan. — Ĉu vi amas vian patron? Kia demando! komprenebla, ke mi lin amas. — Mi kredeble ne povos veni al vi hodiaŭ, ĉar mi pensas, ke mi mem havos hodiaŭ gastojn. — Li estas homo ne kredinda. — Via ago estas tre laŭdinda. — Tiu ĉi grava tago restos por mi ĉiam memorinda. — Lia edzino estas tre laborema kaj ŝparema, sed ŝi estas ankaŭ tre babilema kaj kriema. Li estas tre ekkolerema kaj ekscitiĝas ofte ĉe la plej malgranda bagatelo; tamen li estas tre pardonema, li ne portas longe la koleron kaj li tute ne estas venĝema. — Li estas tre kredema: eĉ la plej nekredeblajn aferojn, kiujn rakontas al li la plej nekredindaj homoj, li tuj kredas. — Centimo, pfenigo kaj kopeko estas moneroj. — Sablero enfalis en mian okulon. — Li estas tre purema, kaj eĉ unu polveron vi ne trovos sur lia vesto. — Unu fajrero estas sufiĉa, por eksplodigi pulvon.

ŝtalo acier | steel | Stahl | сталь | stal.
fleksi fléchir, ployer | bend | biegen | гнуть | giąć.
vitro verre (matière) | glass (substance) | Glas | стекло | szkło.
rompi rompre, casser | break | brechen | ломать | łamać.
laŭdi louer, vanter | praise | loben | хвалить | chwalić.
memori se souvenir, se rappeler | remember | im Gedächtniss behalten, sich erinnern | помнить | pamiętać.

ŝpari ménager, épargner | be sparing | sparen | сберегать | oszczędzać.
bagatelo bagatelle | trifle, toy | Kleinigkeit | мелочь, бездѣлица | drobnostka.
venĝi se venger | revenge | rächen | мстить | mścić się.
eksciti exciter, émouvoir | excite | erregen | возбуждать | wzbudzać.
er marque l'unité; ex: **sablo** sable—**sablero** un grain de sable | one of many objects of the same kind, e. g. **sablo** sand—**sablero** grain of sand | ein einziges; z. B. **sablo** Sand—**sablero** Sandkörnchen | отдѣльная единица; напр. **sablo** песокъ—**sablero** песчинка | oddzielna jednostka; np. **sablo** piasek—**sablero** ziarnko piasku.
polvo poussière | dust | Staub | пыль | kurz.
fajro feu | fire | Feuer | огонь | ogień.
eksplodi faire explosion | explode | explodiren | взрывать | wybuchać.
pulvo poudre à tirer | gunpowder | Pulver (Schiess-) | порохъ | proch.

§ 42.

Ni ĉiuj kunvenis, por priparoli tre gravan aferon; sed ni ne povis atingi ian rezultaton, kaj ni disiris. — Malfeliĉo ofte kunigas la homojn, kaj feliĉo ofte disigas ilin. — Mi disŝiris la leteron kaj disĵetis ĝiajn pecetojn en ĉiujn angulojn de la ĉambro. — Li donis al mi monon, sed mi ĝin tuj redonis al li. — Mi foriras, sed atendu min, ĉar mi baldaŭ revenos.—La suno rebrilas en la klara akvo de la rivero.—Mi diris al la reĝo: via reĝa moŝto, pardonu min!—El la tri leteroj unu estis adresita: al Lia Episkopa Moŝto, Sinjoro N.; la dua: al Lia Grafa Moŝto, Sinjoro P.; la tria: al Lia Moŝto, Sinjoro D. — La sufikso «um» ne havas difinitan signifon, kaj tial la (tre malmultajn) vortojn kun «um» oni devas lerni, kiel simplajn vortojn. Ekzemple: plenumi, kolumo, manumo.—Mi volonte plenumis lian deziron.—

En malbona vetero oni povas facile malvarmumi.—Sano, sana, sane, sani, sanu, saniga, saneco, sanilo, sanigi, sanigi, sanejo, sanisto, sanulo, malsano, malsana, malsane, malsani, malsanulo, malsaniga, malsanigi, malsaneta, malsanema, malsanulejo, malsanulisto, malsanero, malsaneraro, sanigebla, sanigisto, sanigilo, resanigi, resaniganto, sanigilejo, sanigejo, malsanemulo, sanilaro, malsanaro, malsanulido, nesana, malsanado, sanulajo, malsaneco, malsanemeco, saniginda, sanilujo, sanigilujo, remalsano, remalsanigo, malsanulino, sanigista, sanigilista, sanilista, malsanulista k. t. p.

atingi atteindre | attain, reach | erlangen, erreichen | достигать | dosięgać.
rezultato résultat | result | Ergebniss | результатъ | rezultat.
ŝiri déchirer | tear, rend | reissen | рвать | rwać.
peco morceau | piece | Stück | кусокъ | kawał.
moŝto titre commun | universal title | allgemeiner Titel | общій титулъ | Mość.
episkopo évêque | bishop | Bischof | епископъ | biskup.
grafo comte | earl, count | Graf | графъ | hrabia.
difini définir, déterminer | define | bestimmen | опредѣлять | wyznaczać, określać.

☞ La plej grava libro por ĉiu, kiu deziras perfektiĝi en la lingvo Esperanto, estas la verko

Fundamenta Krestomatio,

kiu konsistas el 458 paĝoj kaj enhavas tre multe da plej diversa materialo por legado *en la plej modela Esperanta stilo.* Kosto fr. 3,50. Ricevebla ĉe Hachette kaj K^io en Parizo kaj en ĉiu esperantista librovendejo.

UNIVERSALA VORTARO
DE LA
LINGVO INTERNACIA
ESPERANTO

Ĉion, kio estas skribita en la lingvo internacia Esperanto, oni povas kompreni kun helpo de tiu ĉi vortaro. Vortoj, kiuj formas kune unu ideon, estas skribataj kune, sed dividataj unu de la alia per streketo; tiel ekzemple la vorto « frat'in'o », prezentante unu ideon, estas kunmetita el tri vortoj, el kiuj ĉiun oni devas serĉi aparte.

Tout ce qui est écrit en langue internationale Esperanto peut se comprendre à l'aide de ce dictionnaire. Les mots qui forment ensemble une seule idée s'écrivent ensemble mais se séparent les uns des autres par de petits traits. Ainsi, par exemple, le mot « **frat'in'o** », qui n'exprime qu'une idée est formé de trois mots, et chacun d'eux se cherche à part.

Everything written in the international language Esperanto can be translated by means of this vocabulary. If several words are required to express one idea, they must be written in one, but, separated by commas; e. g. « frat'in'o » though one idea, is yet composed of three words, which must be looked for separately in the vocabulary.

Alles, was in der internationalen Sprache Esperanto geschrieben ist, kann man mit Hülfe dieses Wörterbuches verstehen. Wörter, welche zusammen einen Begriff bilden, werden zusammen geschrieben, aber von einander, durch einen senkrechten Strich getrennt; so ist z. B. das Wort « frat'in'o », welches einen Begriff bildet, aus drei Wörtern zusammengesetzt, deren jedes besonders zu suchen ist.

Все, что написано на международномъ языкѣ Эсперанто, можно понимать съ помощью этого словаря. Слова составляющія вмѣстѣ одно понятіе, пишутся вмѣстѣ, но отдѣляются другъ отъ друга черточкой; такъ напримѣръ слово « frat'in'o », составляя одно понятіе, сложено изъ трехъ словъ, изъ которыхъ каждое надо искать отдѣльно.

Wszystko co napisano w języku międzynarodowyn Esperanto, można zrozumieć przy pomocy tego słownika. Wyrazy, stanowiące razem jedno pojęcie, pisze się razem, lecz oddziela się kréską pionową; tak naprzykład wyraz « frat'in'o » stanowiący jedno pojęcie, złożony jest z trzech wyrazów, z których każdego należy szukać oddzielnie.

A

a marque l'adjectif; ex. **hom'** homme—**hom'a** humain | termination of adjectives; e. g. **hom'** man—**hom'a** human | bezeichnet das Adjektiv; z. B. **hom'** Mensch—**hom'a** menschlich | означаетъ прилагательное; напр. **hom'** человѣкъ | **hom'a** человѣческій | oznacza przymiotnik; np. **hom'** człowiek—**hom'a** ludzki.

abat' abbé | abbot | Abt | аббатъ | opat.
abel' abeille | bee | Biene | пчела | pszczoła.
abi' sapin | fir | Tanne | ель | jodła.
abomen' abomination | abomination | Abscheu | отвращеніе | odraza.
abon' abonner | subscribe | abonniren | подписываться | prenumerować.
ablativ' ablatif | ablative | Ablativ | творительный падежъ | narzędnik.
abrikot' abricot | apricot | Aprikose | абрикосъ | morela.
absces' abcès | abscess | Geschwür, Eiterbeule | нарывъ | wrzód
absint' absinthe | absinthium | Wermuth | полынь | piołunkówka.
acer' érable | maple | Ahorn | кленъ | klon.
aĉet' acheter | buy | kaufen | покупать | kupować.
    sub'aĉet' corrompre | corrupt | bestechen | подкупать | przekupywać.
acid' aigre | sour | sauer | кислый | kwaśny.
ad' marque durée dans l'action; ex. **paf'** coup de fusil—**paf'ad'** fusillade | denotes duration of action; e. g. **danc'** dance—**danc'ad'** dancing | bezeichnet die Dauer der Thätigkeit; z. B. **danc'** der Tanz—**danc'ad'** das Tanzen | означаетъ продолжительность дѣйствія; напр. **ir'** идти—**ir'ad'** ходить, хаживать | oznacza trwanie czynności; np. **ir'** iść—**ir'ad'** chodzić.
adiaŭ adieu | good-by | lebe wohl | прощай | bądź zdrów.
adjektiv' adjectif | adjective | Eigenschaftswort | имя прилагательное | przymiotnik.
administr' admininistrer | administer | verwalten | управлять | zarządzać.
admir' admirer | admire | bewundern | дивиться | podziwiać.
admon' exhorter | exhort | ermahnen | увѣщевать | upominać.
ador' adorer | adore | anbeten | обожать | uwielbiać.
adult' adultérer | adulterate | ehebrechen | прелюбодѣйствовать | cudzołożyć.
adverb' adverbe | adverb | Nebenwort | нарѣчіе | przysłówek.

aer air | air | Luft | воздухъ | powietrze.
　　aer'um' aérer | expose to the air | lüften | провѣтривать | przewietrzać.
afabl' affable | affable | freundlich | ласковый | uprzejmy.
　　mal'afabl' grogneur | surly | mürrisch | угрюмый | mrukliwy.
afekt' affectionner | affect | affectiren | жеманиться | afektować.
afer' affaire | affair | Sache, Angelegenheit | дѣло | sprawa.
ag' agir | act | handeln, verfahren | поступать | postępować.
aĝ' âge | age | Alter | вѣкъ, возрастъ | wiek.
agac' agacement | setting on edge | Stumpfwerden der Zähne | оскомина | drętwość.
agl' aigle | eagle | Adler | орелъ | orzeł.
agord' accorder | tune | stimmen | настраивать | nastrajać.
agrabl' agreable | agreeable | angenehm | пріятный | przyjemny.
aĵ' quelque chose possédant une certaine qualité ou fait d'une certaine matière: ex. **mol'** mou—**mol'aĵ'** partie molle d'une chose | made from or possessing the quality of; e. g. **sek'** dry—**sek'aĵ'** dry goods | etwas von einer gewissen Eigenschaft, oder aus einem gewissen Stoffe; z. B. **mal'nov'** alt—**mal'nov'aĵ'** altes Zeug, **frukt'** Frucht—**frukt'aĵ'** etwas aus Früchten bereitetes | нѣчто съ даннымъ качествомъ или изъ даннаго матеріала; нпр. **mol'** мягкій—**mol'aĵ'** мякишъ ; **frukt'** плодъ—**frukt'aĵ'** нѣчто приготовленное изъ плодовъ | oznacza przedmiot posiadający pewną własność albo zrobiony z pewnego materjału ; np. **mal'nov'** stary—**mal'nov'aĵ'** starzyzna ; **frukt'** owoc—**frukt'aĵ'** coś zrobionego z owoców.
ajl' ail | onion, garlic | Knoblauch | чеснокъ | czosnek.
ajn que ce soit ; ex. **kiu** qui—**kiu ajn** qui que ce soit | ever; e. g. **kiu** who—**kiu ajn** whoever | auch nur; z. B. **kiu** wer—**kiu ajn** wer auch nur | бы ни; напр. **kiu** кто—**kiu ajn** кто бы ни | kolwiek, bądź; np. **kiu** kto—**kiu ajn** ktokolwiek, ktobądź.
akar' mite | mite | Milbe | клещъ, червь | kleszcz, ślepak.
akcel' dépêcher | accelerate | fördern | споспѣшествовать | popierać, przyspieszać.
akcent' accent | accent | Accent | удареніе | akcent.
akcept' accepter | accept | annehmen | принимать | przyjmować.
akcipitr' autour | hawk | Habicht | ястребъ | jastrząb.
akir' acquérir | acquire | erwerben | пріобрѣтать | uzyskać.
akn' bouton, grains de ladrerie | pimple | Finne | угорь (сыпь) | węgry, krosty.
akompan' accompagner | accompany | begleiten | сопровождать | towarzyszyć.
akr' aigu | sharp | scharf | острый | ostry.
akrid' sauterelle | grass-hopper | Heuschrecke | саранча | szarańcza.

aks' axe | axle | Achse | ось | oś.
akuŝ' accoucher | lie in | niederkommen, entbunden werden | разрѣшиться отъ бремени | powić.
    akuŝ'ist'in' sage-femme | midwife | Hebamme | акушерка | akuszerka.
akuzativ' accusatif | accusative | Accusativ | винительный падежъ | biernik.
akv' eau | water | Wasser | вода | woda.
al à | to | zu (ersetzt zugleich den Dativ) | къ (замѣняетъ также дательный падежъ) | do (zastępuje też celownik).
alaŭd' alouette | lark | Lerche | жаворонокъ | skowronek.
alcion' alcyon | halcyon | Eisvogel | зимородокъ | zimorodek.
ali' autre | other | ander | иной | inny.
alk' élan | elk | Elennthier | лось | łoś.
almenaŭ au moins | at least | wenigstens | по крайней мѣрѣ | przynajmniej.
almoz' aumône | alms | Almosen | милостыня | jałmużna.
aln' aune | alder | Erle | ольха | olsza.
alt' haut | high | hoch | высокій | wysoki.
altar' autel | altar | Altar | алтарь | ołtarz.
alte' althée | althee | Eibisch | проскурнякъ | ślaz.
altern' alterner | alternate | untereinander abwechseln | чередоваться | zmieniać się kolejno.
alud' faire allusion | allude | anspielen | намекать | dawać przytyk.
alumet' allumette | match | Zündhölzchen | спичка | zapałka.
alun' alun | alum | Alaun | квасцы | ałun.
am' aimer | love | lieben | любить | kochać, lubić.
amas' amas, foule | crowd, mass | Haufen, Menge | куча, толпа | kupa, tłum.
ambaŭ l'un et l'autre | both | beide | оба | obaj.
ambos' enclume | anvil | Amboss | наковальня | kowadło.
amel' amidon | starch | Stärkemehl | крахмалъ | krochmal.
amfibi' amphibie | amphibium | Amphibie | земноводное животное | płaz.
amik' ami | friend | Freund | другъ | przyjaciel.
am'ind'um' courtiser | court, make love | den Hof machen | любезничать | umizgać się.
amoniak' ammoniac | ammoniac | Ammoniak, Salmiak | нашатырный спиртъ | amoniak.
ampleks' extension | extension | Umfang | объемъ | objętość.
amuz' amuser | amuse | belustigen | забавлять | bawić.
an' membre, habitant, partisan; ex. **regn'** l'état—**regn'an'** citoyen | inhabitant, member; e. g. **Nov-Jork** New York—**Nov-Jork'an'** New Yorker | Mitglied, Einwohner, Anhänger; z. B. **regn** Staat—**regn'an'** Bürger; **Varsovi'an'** Warschauer | членъ, жи-

тель, приверженецъ; напр. **regn'** государство—**regn'an'** гражданинъ; **Varsovi'an'** Варшавянинъ | członek, mieszkaniec, zwolennik; np. **regn'** państwo—**regn'an'** obywatel; **Varsovi'-an,** Warszawianin.

an'ar' troupe | troop | Trupp, Truppe | труппа | gromada, trupa.
ananas' ananas | ananas | Ananas | ананасъ | ananas.
anas' canard | duck | Ente | утка | kaczka.
    mol'anas' canard à duvet | eider-duck | Eider-ente | гага | miękopiór.
angel' ange | angel | Engel | ангелъ | anioł.
angil' anguille | eel | Aal | угорь (животное) | węgorz.
angul' angle | corner, angle | Winkel | уголъ | kąt.
anim' âme | soul | Seele | душа | dusza.
aniz' anis | anise | Anis | анисъ | anyż.
ankaŭ aussi | also | auch | также | także.
ankoraŭ encore | yet, still | noch | еще | jeszcze.
ankr' ancre | anchor | Anker | якорь | kotwica.
anonc' annoncer | annonce, advert | annonciren | объявлять | ogłaszać.
anser' oie | goose | Gans | гусь | gęś.
anstataŭ au lieu de | instead | anstatt, statt | вмѣсто | zamiast.
    anstataŭ'i remplacer | replace | ersetzen | замѣнять | zastępować.
ant' marque le participe présent actif | ending of pres. part. act. in verbs | bezeichnet das Participium pres. act. | означаетъ причастіе настоящаго времени дѣйст. залога | oznacza imiesłów czynny czasu teraźniejszego.
antaŭ devant | before | vor | предъ | przed.
    antaŭ'tuk' tablier, devantier | apron | Schürze | передникъ | fartuch.
antikv' antique | antique | alt, altethümlich | древній | starożytny.
antimon' antimoine | antimony | Antimon | сурьма | antymon.
Anunciaci' Annonciation de la Vierge | Annunciation | Verkündigung Mariä | Благовѣщеніе | Zwiastowanie.
apart' qui est à part, separé | separate | besonder, abgesondert | особый | osobny.
aparten' appartenir | belong | gehören | принадлежать | należeć.
apenaŭ à peine | scarcely | kaum | едва | ledwie.
aper' paraître, apparaître | appear | erscheinen | являться | zjawiać się.
    mal'aper' disparaître | dissappear | verschwinden | исчезать | znikać.
aplaŭd' applaudir | applaud | applaudiren | аплодировать | oklaskiwać.
apog' appuyer | lean | anlehnen | опирать | opierać.

apr' sanglier | wild boar | Eber | боровъ, вепрь, кабанъ | wieprz.
April' Avril | April | April | Апрѣль | Kwiecień.
aprob' approuver | approve | billigen, gut heissen | одобрять | aprobować.
apud auprès de | near by | neben, an | возлѣ, при | przy, obok.
ar' une réunion de certains objets ; ex. **arb'** arbre—**arb'ar'** forêt | a collection of objects; e. g. **vort'** word—**vort'ar'** dictionary | Sammlung gewisser Gegenstände; z. B. **arb'** Baum—**arb'ar'** Wald ; **ŝtup'** Stufe—**ŝtup'ar'** Treppe, Leiter | собраніе данныхъ предметовъ ; напр. **arb'** дерево—**arb'ar'** лѣсъ, **ŝtup'** ступень—**ŝtup'ar'** лѣстница | oznacza zbiór danych przedmiotów ; np. **arb'** drzewo—**arb'ar'** las; **ŝtup'** szczebel, stopień—**ŝtup'ar'** drabina, schody.
arane' araignée | spider | Spinne | паукъ | pająk.
aranĝ' arranger | arrange | einrichten | устроицать | urządzać.
arb' arbre | tree | Baum | дерево | drzewo.
    arb'et'aj' arbrisseau, buisson | shrub, bush | Strauch | кустъ | krzak.
arbitr' arbitraire, | arbitrary | willkürlich | произвольный | samowolny.
arĉ' archet | bow (fiddle) | Violinbogen | смычекъ | smyczek.
arde' héron | heron | Reiher | цапля | czapla.
ardez' ardoise | slate | Schiefer | аспидъ (минералъ) | łupek.
aren' arène | wrestling-place | Arena, Rennbahn | арена, ристалище | arena.
arest' arrêter | arrest | verhaften | арестовать | aresztować.
arĝent' argent (métal) | silver | Silber | серебро | srebro.
argil' argile | clay | Thon | глина | glina.
argument' argumenter | argue | beweisen | доказывать | dowodzić.
arĥitektur' architecture | architecture | Architectur | архитектура architektura.
ark' arc | arch, bow | Bogen | дуга | łuk.
    ark'aj' voûte | vault | Gewölbe | сводъ | sklepienie.
arleken' arlequin | harlequin | Hanswurst | арлекинъ, шутъ | błazen, arlekin.
arm' armer | arm | rüsten | снаряжать, вооружать | uzbrajać.
arogant' arrogant | arrogant | anmassend, hochmüthig | наглый, высокомѣрный | zarozumiały.
arsenik' arsenic | arsenic | Arsenik | мышьякъ | arszenik.
art' art | art | Kunst | искусство | sztuka, kunszt.
artifik' artifice | artifice | Kniff | уловка | fortel.
artik' articulation | joint | Gelenk | суставъ | staw.
artikol' article | article | Artikel | статья, членъ | artykuł.
artiŝok' artichaut | artichoke | Artischoke | артишокъ | karczoch.
artrit' goutte | gout | Gicht | ломота въ суставахъ | artretyzm.

as marque le présent d'un verbe | ending of the present tense in verbs | bezeichnet das Präsens | означаетъ настоящее время глагола | oznacza czas teraźniejszy.
as' as | ace | Ass (Kartsp.) | тузъ | as.
asekur' assurer | insure | assecuriren | страховать | asekurować.
asign' assigner | assign | anweissen | ассигновать | asygnować, przekazać.
asparag' asperge | asparagus | Spargel | спаржа | szparag.
aspid' aspic | asp, adder | Natter | аспидъ (змѣй) | żmija.
at' marque le participe présent passif | ending of pres. part. pass. in verbs | bezeichnet das Particípium praes. passivi | означаетъ причастіе настоящаго времени страдат. залога | oznacza imiesłów bierny czasu teraźniejszego.
atak' attaquer | attack | angreifen | нападать | napadać, atakować.
atenc' attenter | attempt | einen Anschlag (Attentat) machen | покушаться | robić zamach.
atend' attendre | wait, expect | warten, erwarten | ждать, ожидать | czekać.
atent' attentif | attentive | aufmerksam | внимательный | uważny.
atest' témoigner | attest, affirm | zeugen, bezeugen, bescheinigen | свидѣтельствовать | świadczyć.
ating' atteindre | attain, reach | erlangen, erreichen | достигать | dosięgać.
atripl' patte d'oie | chenopodium | Melde | лебеда | łoboda.
atut' atout | trump | Trumpf | козырь | kozera.
aŭ ou | or | oder | или | albo, lub.
aŭd' entendre | hear | hören | слышать | słyszeć.
Aŭgust' Août | August | August | Августъ | Sierpień.
aŭskult' écouter | listen | anhören, horchen | слушать | słuchać.
aŭtun' automne | fall (of the year) | Herbst | осень | jesień.
av' grand-père | grandfather | Grossvater | дѣдъ, дѣдушка | dziad.
avar' avare | covetous | geizig | скупой | skąpy.
avel' noisette, aveline | hazel-nut | Haselnuss | обыкновенный орѣхъ | orzech laskowy.
aven' avoine | oats | Hafer | овесъ | owies.
aventur' aventure | adventure | Abenteuer | приключеніе | przygoda.
avert' avertir, prévenir | warn | warnen | предостерегать | przestrzegać.
avid' avide, convoiteux | eager, covetous | gierig | жадный | chciwy.
aviz' avis | advice | Avis | увѣдомленіе | awizacya.
azen' âne | ass | Esel | оселъ | osioł.
azot' azote | azot | Stickstoff | азотъ | azot.

B

babil' babiller | chatter | schwatzen, plaudern | болтать | paplać.
bagatel' bagatelle | trifle, toy | Kleinigkeit | мелочь, бездѣлица | drobnostka.
bajonet' baïonnette | bayonet | Bajonett | штыкъ | bagnet.
bak' cuire | bake | backen | печь, испекать | piec, wypiekać.
bala' balayer | sweep | fegen | мести, заметать | zamiatać.
balanc' balancer | balance, swing | schaukeln | качать | huśtać, kołysać.
balbut' bégayer, balbutier | stammer | stottern, stammeln | заикаться | jąkać się.
baldaken' baldaquin | canopy | Baldachin | балдахинъ | baldachin.
baldaŭ bientôt | soon | bald | сейчасъ, скоро | zaraz.
balen' baleine | whale | Wallfisch | китъ | wieloryb.
    balen'ost' baleine | whale-bone | Fischbein | китовый усъ | fiszbin.
balustrad' garde-fou, balustrade | balustrade | Geländer | перила | porecz.
bambu' bambou | bamboo | Bambus | бамбукъ | bambus.
ban' baigner | bath | baden | купать | kąpać.
band' bande, troupe | band | Bande, Rotte | банда, шайка | banda, zgraja.
bant' nœud | loop | Schlefe | бантъ | petlica.
bapt' baptiser | baptise | taufen | крестить | chrzcić.
    bapt'an' compère | god-father | Gevatter | кумъ | kum.
    bapt'o'fil' filleul | god-son | Taufsohn | крестный сынъ, крестникъ | chrześniak.
    bapt'o'patr' parrain | god-father | Pathe, Taufvater | крестный отецъ | chrzestny ojciec.
bar' barrer | bar., obstruct | versperren | заграждать | zagradzać.
bar'il' haie | hedge | Zaun | заборъ | parkan.
barakt' gigotter, piétiner | sprawl, trip | zappeln | барахтаться | trzepotać.
barb' barbe | beard | Bart | борода | broda.
barbir' barbier | barber | Barbier | цырульникъ, фельдшеръ | felczer.
barĉ' soupe de betteraves | red-beet-soup | Beetensuppe | борщъ | barszcz.
barel' tonneau | keg, barrel | Fass, Tonne | бочка | beczka.
bark' barque | bark | Barke | барка | barka.
bask' basque | lappet | Schoss, Rockschoss | пола | poła.

bast' écorce d'arbre | bark (of a tree) | Bast | лубъ, лубокъ | łyko.
bastion' bastion | bulwark | Bollwerk | бастіонъ | baszta, warownia.
baston' bàton | stick | Stock | палка | kij, laska.
bat' battre | beat | schlagen | бить | bić.
batal' combattre | fight | kämpfen | бороться | walczyć.
   batal'il' arme | weapon | Gewehr | оружіе | broń.
bazar' marché, foire | market, fair | Markt | базаръ | targ, rynek.
bed' couche | bed (garden) | Beet | гряда | grzęda, zagon.
bedaŭr' regretter | pity, regret | bedauern | жалѣть | żałować.
bek' bec | beak | Schnabel.| клювъ | dziób.
bel beau | beautiful | schön, hübsch | красивый | piękny.
beladon' belladonne | belladonna | Tollkirsche | сонная одурь | pokrzyk, wilcza jagoda.
ben' bénir | bless | segnen | благословлять | błogosławić.
benk' banc | bench | Bank (zum Sitzen) | скамья | ławka.
ber' baie | berry | Beere | ягода | jagoda.
best' animal | beast | Thier | животное | zwierzę.
bet' betterave | red beet | Runkelrübe | свекловица | ćwikła, burak.
betul' bouleau | birch (tree) | Birke | береза | brzoza.
bezon' avoir besoin de | need, want | brauchen | нуждаться | potrzebować.
bien' bien | goods, estate | Gut, Landgut | имѣніе | posiadłość ziemska, majątek.
bier' bière | beer | Bier | пиво | piwo.
bind' relier | bind (books) | binden (Bücher) | переплетать | oprawiać.
bird' oiseau | bird | Vogel | птица | ptak.
biskvit' biscuit | biscuit | Zwieback | бисквитъ | sucharek.
bismut' bismuth | bismuth | Bismuth | висмутъ | bismut.
blank' blanc | white | weiss | бѣлый | biały.
blat' blatte (ins). | scab | Schabe | тараканъ | karaczan.
blek' beugler, hennir etc. | cry (of beasts) | blöken, wiehern etc. | мычать, блеять, ржать и т. п. | beczeć, rżeć.
blind' aveugle | blind | blind | слѣпой | ślepy.
blond' blond | fair | blond | русый, бѣлокурый | blondyn, płowy.
blov' souffler | blow | blasen, wehen | дуть | dąć, dmuchać.
blu' bleu | blue | blau | синій | niebieski.
bo' marque la parenté resultant du mariage; ex. **patr'** père—**bo patr'** beau-père | relation by marriage ; e. g. **patr'in'** mother—**bo'patr'in'** mother-in-law | durch Heirath (eigene oder fremde) erworben; z. B. **patr'** Vater—**bo'patr'** Schwiegervater; **frat'** Bruder—**bo'frat'** Schwager | пріобрѣтенный бракомъ (своимъ или чужимъ); напр. **patr'** отецъ—**bo'patr'** тесть, свекоръ; **frat'** братъ—**bo'frat'** шуринъ, зять, деверь | nabyty przez małżeństwo (własne lub obce) ; пр. **patr'** ojciec—**bo'patr'** teść; **frat'** brat—**bo'frat'** szwagier.

boa' boa | boa | Riesenschlange | боа, удавъ | boa.
boat' bateau, canot | boat, bark | Boot | ботъ | bat, łódź.
boben' bobine | spool, bobin | Spule | катушка | cewka, szpulka.
boj' aboyer | bark (dog's) | bellen | лаять | szczekać.
bol' bouillir | boil (vb.) | sieden | кипѣть | kipić, wrzeć.
bombon' bonbon | dainties | Bonbon | конфектъ | cukierek.
bon' bon | good | gut | хорошій, добрый | dobry.
bor' percer | bore (vb.) | bohren | буравить | wiercić, świdrować.
boraks' boráx | borax | Borax | бура | boraks.
bord' bord, rivage | shore | Ufer | берегъ | brzeg.
border' border | border | säumen, besäumen | обрубать (кайма) | obrębiać, bramować.
bors' bourse | bourse, exchange | Börse (der Kaufleute) | биржа | giełda.
bot' botte | boot | Stiefel | сапогъ | but.
botel' bouteille | bottle | Flasche | бутылка | butelka.
bov' boeuf | ox | Ochs, Stier | быкъ | byk.
brak' bras | arm | Arm | рука, объятія | ramię.
bram' brême | bream | Brassen | лещъ | leszcz.
bran' son | bran | Kleie | отруби | otręby.
branĉ' branche | branch | Zweig | вѣтвь | gałąź.
brand' eau-de-vie | brandy | Branntwein | водка | wódka.
brank' branchies, ouïes | gill, fish-ear | Kieme | жабра | dychawka.
brasik' chou | cabbage | Kohl | капуста | kapusta.
brav' brave, solide | valiant, brave | tüchtig | дѣльный, удалый | dzielny, chwacki.
bret' tablette | tablet, shelf | Wandbrett, Regal | полка | półka.
brid' bride | bridle | Zaum | узда | uzda.
brik' brique | brick | Ziegel | кирпичъ | cegła.
bril' briller | shine | glänzen | блистать | błyszczeć.
briliant' brillant | brilliant | Brillantstein | бриліантъ | brylant.
brod' broder | stitch, embroider | sticken | вышивать | haftować.
brog' échauder | scald | brühen | обваривать кипяткомъ | parzyć.
bronz' bronze | bronze | Bronze | бронза | bronz.
bros' brosse | brush | Bürste | щетка | szczotka.
brov' sourcil | eye-brow | Augenbraue | бровь | brew.
bru' faire du bruit | noise | lärmen, brausen | шумѣть | szumieć, hałasować.
brul' brûler (être en feu) | burn (v. n.) | brennen (v. n.) | горѣть | palić się.
    brul'um' inflammation | inflammation | Entzündung | воспаленіе | zapalenie.
brun' brun | brown | braun | бурый | brunatny.
brust' poitrine | breast | Brust | грудь | pierś.
brut' brute, bétail | brute | Vieh | скотъ | bydło.

bub' polisson | wicked boy | Bube | мальчишка | ulicznik.
bubal' buffle | buff, buffle | Büffel | буйволъ | bawół.
buĉ' tuer, assommer | slaughter, butcher | schlachten | заклать | zabijać, rzezać.
bud' boutique | booth, shop | Bude | балаганъ | buda.
buf' crapaud | toad | Kröte | жаба | ropucha.
bufed' buffet | buffet | Buffet | буфетъ | bufet, kredens.
buk' boucle | latch, buckle | Schnalle | пряжка | sprzączka.
buked' bouquet | nosegay | Strauss (Blumen) | букетъ | bukiet.
bukl' boucle | buckle, lock | Locke | локонъ | lok, pukiel.
bul' boule, motte | clod | Kloss | комъ, клецка | bryla, kluska.
bulb' oignon | bulb | Zwiebel | луковица | cebula.
buljon' bouillon | broth | Bouillon | бульонъ | buljon.
bulk' pain blanc | manchet loaf | Semmel | булка | bułka.
burd' bourdon | humblebee | Hummel | шмель | trzmiel.
burĝ' bourgeois | burgher | Bürger (nicht adeliger) | мѣщанинъ | mieszczanin.
burĝon bourgeon | bud | Knospe | почка (растеній) | pączek.
buŝ' bouche | mouth | Mund | ротъ | usta.
  buŝ'um' muselière | mouth-basket | Maulkorb | намордникъ | kaganiec.
buŝel' boisseau | bushel | Scheffel | четверикъ | korzec.
buter' beurre | butter | Butter | масло (коровье) | masło.
butik' boutique | shop, hall | Laden, Krambude | лавка (торговая) | sklep.
buton' bouton | button | Knopf | пуговица | guzik.
  buton'um' boutonner | button | zuknöpfen | застегивать | zapinać.

C, Ĉ

ĉagren' chagriner | disappoint | verdriessen | причинять досаду | martwić.
ĉam' chamois | wild goat | Gemse | серна | dzika koza, giemza.
ĉambelan' chambellan | chamberlain | Kammerherr | камергеръ | szambelan.
ĉambr' chambre | chamber | Zimmer | комната | pokój.
ĉampan' champagne (vin de) | champagne | Champagner | шампанское | szampan.
ĉan' chien de fusil | cock | Hahn (am Schiessgewehre) | курокъ | kurek.
ĉap' bonnet | bonnet | Mütze | шапка | czapka.

ĉapel' chapeau | hat | Hut | шляпа | kapelusz.
ĉapitr' chapitre | chapter | Kapitel | глава (книги) | rozdział.
ĉar car, parce que | for | weil, denn, da | ибо, такъ какъ | albowiem, ponieważ.
ĉarlatan' charlatan | charlatan | Charlatan | шарлатанъ | szalbierz.
ĉarm' charmant | charm | anmuthig | милый | nadobny.
ĉarnir' charnier | hing | Charnier | шарниръ | nit, wycięcie.
ĉarpent' charpenter | do carpenter's work | zimmern | плотничать | ciosać.
    ĉarpent'ist' charpentier | carpenter | Zimmermann | плотникъ | cieśla.
ĉarpi' charpie | lint for a wound | Charpie | корпія | skubanka.
ĉas' chasser (vénerie) | hunt | jagen, Jagd machen | охотиться | polować.
    ĉas'aĵ' gibier | game, venison | Wild | дичь | zwierzyna.
ĉast' chaste | chaste | züchtig, keusch | цѣломудренный | niepokalany, czysty.
ĉe chez | at | bei | у, при | u, przy.
ced' céder | yield, give up | abtreten, weichen | уступать | ustępować.
cedr' cèdre | cedar | Ceder | кедръ | cedr.
ĉef' principal | chief | Haupt, Chef | глава, главный | szef, główny.
cejan' aubifoin, bluet | corn-flower | Kornblume | василекъ | bławatek.
cel' viser | aim | zielen | цѣлиться | celować.
ĉel' ceilule | cell | Zelle | ячея, ячейка, келья | cela, komórka.
cement' ciment, lut | cement, lute | Cement, Kitt | цементъ | cement, kit.
ĉemiz' chemise | shirt | Hemd | сорочка | koszula.
ĉen' chaine | chain | Kette | цѣпь | łańcuch.
cent cent | hundred | hundert | сто | sto.
cerb' cerveau | brain | Gehirn | мозгъ | mózg.
ĉeriz' cerise | cherry | Kirsche | вишня | wiśnia.
ĉerk' cercueil | coffin | Sarg | гробъ | trumna.
ĉerp' puiser | draw | schöpfen (z. B. Wasser) | черпать | czerpać.
cert' certain | certain, sure | sicher, bekannt, gewiss | вѣрный, извѣстный | pewny, znany.
    cert'ig' assurer | assure | versichern | увѣрять | zapewniać.
cerv' cerf | deer | Hirsch | олень | jeleń.
    nord'a cerv' renne | reindeer | Rennthier | сѣверный олень | renifer, ren.
ĉes' cesser | cease, desist | aufhören | переставать | przestawać.
ceter' autre (le reste) | rest, remainder | übrig | прочій | pozostały.
ĉeval' cheval | horse | Pferd | конь | koń.
ci tu, toi, | thou | du | ты | ty.

ci'a ton, ta | thy, thine | dein | твой | twój.
ĉi ce qui est le plus près; ex. tiu celui-là—tiu ĉi celui-ci | denotes proximity; e. g. tiu that—tiu ĉi this; tie there—tie ĉi here | die nächste Hinweisung; z. B. tiu jener—tiu ĉi dieser; tie dort — tie ĉi hier | ближайшее указаніе; напр. tiu тотъ—tiu ĉi этотъ; tie тамъ—tie ĉi здѣсь | okreslenie najbliższe; np. tiu tamten—tiu ĉi ten; tie tam—tie ĉi tu.
ĉia chaque | every | jedweder, jeglicher | всякій, всяческій | wszelaki.
ĉiam toujours | always | immer | всегда | zawsze.
ĉie partout | everywhere | überall | повсюду | wszędzie.
ĉiel de chaque (toute) manière | in every manner | auf jede Weise | всячески | wszelkim sposobem.
ĉiel' ciel | heaven | Himmel | небо | niebo.
ĉiel'ark' arc-en-ciel | rain-bow | Regenbogen | радуга | tęcza.
ĉiel'ir' Ascension | Ascension | Himmelfahrt Christi | Вознесеніе Господне | Wniebowstąpienie.
ĉif' froisser, chiffonner | crumple, muss | zerknittern, zerknüllen | мять | miętosić.
cifer' chiffre | cipher | Ziffer | цифра | cyfra.
cifer'plat' cadran | dial | Zifferblatt | циферблатъ | tarcza zegarowa.
ĉifon' chiffon | rag | Lappen, Lumpen | лоскутъ | szmata.
cigar' cigare | cigar | Cigarre | сигара | cygaro.
cigared' cigarette | cigarette | Cigarette | папироса | papieros.
cign' cygne | swan | Schwan | лебедь | łabędź.
ĉikan' cancaner | chicane | Klatschereien machen | сплетничать | rozsiewac plotki.
cikatr' couture, cicatrice | scar, cicatrice | Narbe | рубецъ | blizna.
cikoni' cigogne | stork | Storch | аистъ | bocian.
cikori' chicorée | chicory | Cichorie | цикорія | cykorya.
cim' punaise | bug | Wanze | клопъ | pluskwa.
cimbal' cymbale | cymbal | Cymbel | кимвалы | cymbały.
cinabr' cinabre | cinnabar | Zinnober | киноварь | cynober.
cinam' cannelle | cinnamon | Zimmt | корица | cynamon.
cindr' cendre | ash, cinder | Asche | пепелъ | popiół.
ĉio tout | everything | alles | все | wszystko.
cipres' cyprès | cypress | Cypresse | кипарисъ | cyprys.
cir' cirage | shoe-polish | Wichse | вакса | szuwaks.
ĉirkaŭ autour de, environ | about, around | um, herum, gegen | около, кругомъ | około, dokoła.
ĉirkaŭ'aĵ' alentours, environs | Umgegend | окрестность | okolica.
ĉirkaŭ'i entourer | encircle, environ | umgeben | окружать | otaczać.

ĉirkaŭ′o circuit, enceinte | circumference | Umfang, Umkreis | окружность | obwód.
ĉirkaŭ′man′ bracelet | bracelet | Armband | браслетъ | bransoletka.
ĉirkaŭ′pren′ embrasser | embrace | umarmen | обнимать | obejmować, ściskać.
ĉirkaŭ′skrib′ circonscrire | circumscribe | umschreiben | описывать | opisywać.
cirkel′ cercle, compas | circle, compass | Zirkel (Instrument) | циркуль | cyrkiel.
cirkonstanc′ cirkonstance | circumstance | Umstand | обстоятельство | okoliczność.
cirkuler′ circulaire | circular | Cirkular | циркуляръ | okólnik.
cit′ citer | cite | citiren | цитировать | przytaczać, cytować.
citr′ cithare | guitar | Zither | цитра | cytra.
citron′ citron | lemon | Citrone | лимонъ | cytryna.
ĉiu chacun | each, every one | jedermann | всякій, каждый | wszystek, każdy.
  ĉiu′j tous | all | alle | всѣ | wszyscy.
civiliz′ civiliser, éclaircir | civilize, clear up | aufklären | просвѣщать | oświecać.
ĉiz′ creuser avec le ciseau | chisel | meisseln | долбить | dłutować.
ĉj′ après les 1—5 premières lettres d'un prénom masculin lui donne un caractère diminutif et caressant; ex. **Miĥael′—Mi′ĉj′** | affectionate diminutive of masculine names; e.g. **Johan′** John **—Jo′ĉj′** Johnnie | den 1—5 Buchstaben eines männlichen Eigennamens beigefügt verwandelt diesen in ein Kosewort; z. B. **Miĥael′—Mi′ĉj′**; **Aleksandr′—Ale′ĉj′** | приставленное къ первымъ 1—5 буквамъ имени собственнаго мужскаго пола, превращаетъ его въ ласкательное; напр. **Miĥael′—Mi′ĉj′**; **Aleksandr′—Ale′ĉj′** | dodane do pierwszych 1—5 liter imenia własnego mezkiego rodzaju zmienia je w pieszczotliwe; np. **Miĥael′—Mi′ĉj′**; **Aleksandr′—Ale′ĉj′**.
ĉokolad′ chocolat | chocolate | Chocolade | шоколадъ | czekolada.
col′ pouce | inch | Zoll (Mass) | дюймъ | cal.
ĉu est-ce que | whether | ob | ли, развѣ | czy.

D

da de (après les mots marquant mesure, poids, nombre) | is used instead of **de** after words expressing weight or measure; e. g. **funt′o da viand′o** a pound of meat, **glas′o da te′o** a cup of tea | ersetzt den Genitiv (nach Mass, Gewicht u. drgl. bezeich-

nenden Wörtern); z. B. **kilogram'o da viand'o** ein Kilogramm Fleisch; **glas'o da te'o** ein Glass Thee | послѣ словъ, означающихъ мѣру, вѣсъ и т. д.) замѣняетъ родительный падежъ; напр. **kilogram'o da viand'o** килограмъ мяса; **glas'o da te'o** стаканъ чаю | zastępuje przypadek drugi (po słowach oznaczających miarę, wagę i. t. p.); np. **kilogram'o da viand'o** kilogram mięsa; **glas'o da te'o** szklanka herbaty.
daktil' datte | date (fruit) | Dattel | финикъ | daktyl.
dam'o'j jeu de dames | draughts | Damenspiel | шашки (игра) | warcaby.
damask' damas | damask | Damast | камча | adamaszek.
danc' danser | dance | tanzen | танцовать | tańczyć.
dand' petit-maître | dandy | Stutzer | франтъ | fircyk, elegant.
danĝer' danger | danger | Gefahr | опасность | niebezpieczeństwo.
dank' remercier | thank | danken | благодарить | dziękować.
dat' date | date | Datum | число (мѣсяца) | data.
dativ' datif | dative | Dativ | дательный падежъ | celownik.
datur' datura | datura | Stechapfel | дурманъ | bieluń, dziędzierzawa.
daŭr' durer | endure, last | dauern | продолжаться | trwać.
  daŭr'ig' continuer | continue | fortsetzen | продолжать | dalej ciągnąć.
de de | of, from | von; ersetzt auch den Genitiv | отъ; замѣняетъ также родительный падежъ | od; zastępuje też dopełniacz.
dec' être dû, être convenable | be due, become | gebühren | надлежать | należeć się.
decid' décider | decide | entscheiden, beschliessen | рѣшать | rozstrzygać.
Decembr' Décembre | December | December | Декабрь | Grudzień.
deĉifr' déchiffrer | decipher | entziffern | дешифрировать | wyczytać, rozwiązać.
dediĉ' vouer, dédier | dedicate | widmen | посвящать | poświęcać, dedykować.
defend' défendre | defend | vertheidigen | защищать | bronić.
degel' dégeler (se) | thaw | aufthauen | таять | odwilgnąć.
degener' dégénérer | degenerate | ausarten | вырождаться | wyradzać się.
degrad' dégrader | degrade | degradiren | разжаловать | degradowac.
dejor' être de service | be waiter | den Dienst haben | дежурить | deżurować.
dek dix | ten | zehn | десять | dziesięć.
deklinaci' décliner | decline | decliniren | склонять(граммат.) | przypadkować.
dekliv' déclivité | declivity | Abhang | покатость | pochyłość.

dekstr' droit, droite | right-hand | recht | правый | prawy.
mal'dekstr' gauche | left | link | лѣвый | lewy.
delfen' dauphin | dolphin | Delphin | дельфинъ | delfin.
delikat' délicat | delicate, fine | fein, zart | нѣжный | delikatny.
delir' être en délire, rêver | be light-headed, rave | irre reden | бредить | majaczyć.
demand' demander, questionner | demand, ask | fragen | спрашивать | pytać.
demon' démon | demon | Dämon | демонъ | demon.
denar' denier | denier, penny | Denar | динарій | denar.
dens' épais, dense | dense | dicht | густой | gęsty.
dent' dent | tooth | Zahn | зубъ | ząb.
denunc' denoncer | denounce | denunciren | доносить | denuncyować.
des d'autant plus | the (the... the—ju... des) | desto, um so | тѣмъ | tem.
deput' députer | depute | abordnen | отряжать, отправлять | wyprawiać.
desegn' dessiner | design, purpose | zeichnen | чертить | kreślić, rysować.
detal' détaillé | detail | ausführlich | подробный | szczegółowy.
detru' détruire | destroy | zerstören | разрушать | burzyć, niszczyć.
dev' devoir | ought, must | sollen | долженствовать | musieć.
    dev'ig' nécessiter | necessitate, compel | nöthigen, zwingen | принуждать | pzymuszać.
deviz' devise | device | Devise | девизъ | dewiza.
dezert' désert | desert | Wüste | пустыня | pustynia.
dezir' désirer | desire | wünschen | желать | życzyć.
Di' Dieu | God | Gott | Богъ | Bóg.
diabl' diable | devil | Teufel | дьяволъ, чертъ | djabeł.
diamant' diamant | diamond | Diamant | алмазъ | dyament.
diboĉ' débaucher, crapuler | debauch, revel, riot | schwelgen | кутить | hulać.
didelf' didelphe, philandre | opossum | Beutelthier | двуутробка | dydelf, torebnik.
difekt' endommager, détériorer | damage, injure | beschädigen, verletzen | повреждать | uszkadzać.
diferenc' différer (v. n.) | differ | sich unterscheiden | различаться | różnic się.
difin' définir, déterminer | define | bestimmen | опредѣлять | wyznaczać, określać.
dig' digue | embank | Damm | плотина | tama.
digest' digérer | digest | verdauen | переваривать (о желудкѣ) | trawić.
dik gros | thick | dick | толстый | gruby.

dikt' dicter | dictate | dictiren | диктовать | dyktować.
diligent' diligent, assidu | diligent | fleissig | прилежный | pilny.
dimanĉ' dimanche | Sunday | Sonntag | воскресенье | niedziela.
dir' dire | say | sagen | сказать | powiadać.
direkt' diriger | direct | richten | направлять | kierować.
    direkt'o direction | direction | Richtung | направленіе | kierunek.
    direkt'il'o (de **ŝip'o**) gouvernail | helm | Steuerruder | руль | ster.
dis' marque division, dissémination; ex. **ir'** aller—**dis'ir'** se séparer, aller chacun de son côté | has the same force as the English prefix **dis**; e. g. **sem'** sow—**dis'sem'** disseminate; **ŝir'** tear—**dis'ŝir'** tear to pieces] zer; z. B. **ŝir'** reissen—**dis'ŝir'** zerreissen | раз-; напр. **ŝir'** рвать—**dis'ŝir'** разрывать | roz- ; np. **ŝir'** rwać—**dis'ŝir'** rozrywać; **kur'** biegać—**dis'kur'** rozbiegać się.
    dis'ig' séparer, désunir | separate, disunite | trennen | разобщать | rozłączać.
diskont' escompter | discount | discontiren | дисконтировать, учитывать | dyskontować.
dispon' disposer | dispose | verfügen, disponiren | располагать | rozporządzać
disput' disputer | dispute | streiten, disputiren | спорить | sprzeczać się.
distil' distiller | distill | destilliren | дистиллировать | destylować.
* **disting'** distinguer | distinguish | auszeichnen | отличать | odznaczać.
distr' distraire | distract | zerstreuen | разсѣивать | rozpraszać, roztargać.
distrikt' district | district | Bezirk | округъ | okrąg.
diven' deviner | divine, guess | errathen | угадывать | odgadywać.
divers' divers | various, diverse | verschieden | различный | różny.
divid' diviser, partager | divide | theilen | дѣлить | dzielić.
do donc | then, indeed, however | doch, also | же | więc.
dolĉ' doux | sweet | süss | сладкій | słodki.
dolor' faire mal, causer de la douleur | sorrow | schmerzen | болѣть (причинять боль) | boleć, dolegać.
dom' maison | house | Haus | домъ | dom.
domaĝ' dommage | pity (it is a pity) | Schade (es ist) | жаль | szkoda.
domen' domino | domino | Domino | домино | domino.
don' donner | give | geben | давать | dawać.
    al'don' ajouter | add to | zugeben, beilegen | прибавлять | dodawać.
donac' faire cadeau, donner en présent | make a present | schenken | дарить | darować.

dorlot' gâter, dorloter | spoil | hätscheln | баловать | pieścić.
dorm' dormir | sleep | schlafen | спать | spać.
dorn' épine | thorn | Dorn | шипъ | cierń.
dors' dos | back | Rücken | спина | grzbiet.
dot' doter | endow | ausstatten | надѣлять (приданымъ) | wyposażyć.
   dot'o dot | dowry | Mitgift | приданое | posag.
drak' dragon | dragon, drake | Drache | драконъ | smok.
drap' drap | woollen goods | Tuch (wollenes Gewebe) | сукно | sukno.
drapir' draper | cover with cloth | drapiren | драпировать | drapować.
draŝ' battre (le blé) | thrash | dreschen | молотить | młócić.
dres' dresser | dress, make straight | dressiren, abrichten | дрессировать | tresować.
drink' boire, ivrogner | drink, tipple | saufen, zechen | пить (спиртные напитки) | pić (wódkę i t. p.).
   drink'ej' cabaret, taverne | inn, tavern | Schenke | шинокъ | szynkownia.
drog' drogue | drug | Drogue | москатильный товаръ | towary aptekarskie.
dron' se noyer | drown | ertrinken | утопать | tonąć.
du deux | two | zwei | два | dwa.
dub' douter | doubt | zweifeln | сомнѣваться | wątpić.
duk' duc | duke | Herzog | герцогъ | książe.
dum pendant, tandis que | while | während | пока, между тѣмъ какъ | póki, podczas gdy.
   dum'e cependant | meanwhile, during | unterdessen | между тѣмъ | tymczasem.
duṅg' louer, embaucher | hire | dingen | нанимать | najmować.
du'on'patr' beau-père | step-father | Stiefvater | отчимъ | ojczym.

E

e marque l'adverbe; ex. **bon'e** bien | ending of adverbs; e. g. **bon** good—**bon'e** well | Endung des Adverbs; z. B. **bon'e** gut | окончаніе нарѣчія; напр. **bon'e** хорошо | zakończenie przysłówka; np. **bon'e** dobrze.
eben' égal (de même plan) | even, smooth | eben, glatt | ровный | równy.
ebl' possible; ex. **kompren'** comprendre—**kompren'ebl'** compréhensible | able, possible | möglich | возможный | możliwy.
   ebl'e peut-être | perhaps, may-be | vielleicht | можетъ быть | może.

ebon' ébène | ebony | Ebenholz | черное дерево | héban.
ec' marque la qualité (abstraitement); ex. **bon'** bon—**bon'ec'** bonté; **vir'** homme—**vir'ec'** virilité | denotes qualites; e. g. **bon'** good—**bon'ec'** goodness | Eigenschaft; z. B. **bon'** gut—**bon'ec'** Güte; **vir'in'** Weib—**vir'in'ec'** Weiblichkeit | качество или состояніе; напр. **bon'** добрый—**bon'ec'** доброта; **vir'in'** женщина—**vir'in'ec'** женственность | przymiot jako oddzielne pojęcie; np. **bon'** dobry—**bon'ec'** dobroć; **infan'** dziecię—**infan'ec'** dzieciństwo.
ec'a qualitatif | qualitative | qualitativ | качественный | jakościowy.
eĉ même (adv.) jusqu'à | even (adv.) | sogar | даже | nawet.
edif' édifier | edify | erbauen (z. B. durch eine Predigt) | назидать | budować.
eduk' élever (éducation) | educate | erziehen | воспитывать | wychowywać.
edz' mari, époux | married person, husband | | Gemahl | супругъ | małżonek.
edz'iĝ' se marier | marry | heirathen | жениться | żenić się.
edz'ec' mariage | marriage, matrimony | Ehe | бракъ | małżeństwo.
efektiv' effectif, réel | real, actual | wirklich | дѣйствительный | rzeczywisty.
efik' opérer, agir | effect | wirken | дѣйствовать | działać, skutkować.
eg' marque augmentation, plus haut degré; ex. **pord'** porte—**pord'eg'** grande porte; **pet'** prier—**pet'eg'** supplier | denotes increase of degree; e. g. **varm'** warm—**varm'eg'** hot | bezeichnet eine Vergrösserung oder Steigerung; z. B. **pord'** Thür—**pord'eg'** Thor; **varm'** warm—**varm'eg'** heiss | означаетъ увеличеніе или усиленіе степени; напр. **man'** рука—**man'eg'** ручище; **varm'** теплый—**varm'eg'** горячій | oznacza zwiększenie lub wzmocnienie stopnia; np. **man'** ręka—**man'eg'** łapa; **varm** ciepły—**varm'eg'** gorący.
egal' égal, qui ne diffère pas | equal | gleich | одинаковый | jednakowy.
eĥ' écho | echo | Echo | эхо | odgłos.
ej' marque le lieu spécialement affecté à...; ex. **preĝ'** prier—**preĝ'ej'** église; **kuir'** faire cuire—**kuir'ej'** cuisine | place where an action occurs; e. g. **kuir'** cook—**kuir'ej'** kitchen | Ort für...; z. B. **kuir'** kochen—**kuir'ej'** Küche; **preĝ'** beten — **preĝ'ej'** Kirche | мѣсто для...; напр. **kuir'** варить—**kuir'ej'** кухня; **preĝ'** молиться | **preĝ'ej'** церковь | miejsce dla...; np. **kuir'** gotować—**kuir'ej'** kuchnia; **preĝ'** modlić się—**preĝ'ej'** kościoł.
ek' indique une action qui commence ou qui est momentanée; ex. **kant'** chanter—**ek'kant'** commencer à chanter; **kri'** crier—**ek'kri'** s'écrier | denotes sudden or momentary action; e. g.

kri' cry—ek'kri' cry out | bezeichnet eine anfangende oder momentane Handlung; z. B. kant' singen—ek'kant' einen Gesang anstimmen; kri' schreien—ek'kri' aufschreien | начало или мгновенность; напр. kant' пѣть—ek'kant' запѣвать; kri' кричать—ek'kri' вскрикнуть | oznacza początek lub chwilowość; np. kant' śpiewać—ek'kant' zaśpiewać; kri' krzyczeć—ek'kri' krzyknąć.

eks' qui fut, ex- | ex-, late | ehemalig, verabschiedet, abgedankt | бывшій, отставной | były, dymisyonowany.
ekscelenc' excellence | excellence | Excellenz | Превосходительство | Ekscelencya.
ekscit' exciter, émouvoir | excite | erregen | возбуждать | wzbudzać.
ekskurs' excursion | excursion | Ausflug | экскурсія | wycieczka.
eksped' expédier | expedite | expediren, versenden | экспедировать | ekspedyować.
eksplod' faire explosion | explode | explodiren | взрывать, эксплодировать | wybuchać.
ekspozici' exposition | exposition | Ausstellung | выставка | wystawa.
ekster hors, en dehors de | outside, besides | ausser, ausserhalb | внѣ | zewnątrz.
eksterm' exterminer | exterminate | ausrotten, vertilgen | истреблять | wytępiać.
ekstr' extraordinaire, extra- | extraordinary, extra- | extra, ausserordentlich | экстренный | nadzwyczajny.
ekstrem' extrême | extreme | äusserst | крайній | skrajny, ostateczny.
ekzamen' éprouver, examiner | try, examine | prüfen | испытывать | egzaminować.
ekzekut' exécuter | execute | hinrichten | казнить | tracić. wykonywać wyrok.
ekzempl exemple | example | Beispiel | примѣръ | przykład.
ekzempler' exemplaire | exemplar | Exemplar | экземпляръ | egzemplarz.
ekzerc' exercer | exercise | üben | упражнять | ćwiczyć.
ekzil' bannir, exiler | banish, exile | verbannen | ссылать (въ ссылку) | wyganiać.
ekzist' exister | exist | bestehen, da sein | существовать | istnieć.
el de, d'entre, é-, ex- | from, out from | aus | изъ | z.
elast' élastique | elastic, elastical | elastisch | эластичный | sprężysty, elastyczny.
elefant' éléphant | elephant | Elephant | слонъ | słoń.
elekt' choisir | choose | wählen | выбирать | wybierać.
elokvent' éloquent | eloquent | beredt | красорѣчивый | krasomówny.

em' qui a le penchant, l'habitude; ex. **babil'** babiller—**babil'em'** babillard | inclined to; e. g. **babil'** chatter—**babil'em'** talkative | geneigt, gewohnt | склонный, имѣющій привычку; напр. **babil'** болтать—**babil'em'** болтливый | skłonny, przyzwyczajony; np. **babil'** paplać—**babil'em'** gaduła.

emajl' email | enamel | Email | эмаль | szmelc, amalia.

embaras' embarras | embarrassment, puzzle | Verlegenheit | затрудненіе | ambaras.

embri' embryon | embryo | Keim | зародышъ | zaród, zarodek.

embusk' embuscade | ambush | Hinterhalt | засада | zasadzka.

eminent' éminent | eminent | vornehm, hervorragend | знатный, выдающійся | znakomity, wydatny.

en en, dans | in (when followed by the accusative—into) | in, ein- | въ | w.

enigm' énigme | puzzle | Räthsel | загадка | zagadka.

entrepren' entreprendre | undertake | unternehmen | предпринимать | przedsiębrać.

entuziasm' enthousiasme | enthusiasm | Begeisterung | воодушевленіе | zapał.

enu' s'ennuyer | annoy, weary | sich langweilen | скучать | nudzić się.

envi' envier | envy | beneiden | завидовать | zazdrościć.

episkop' évêque | bishop | Bishof | епископъ, архіерей | biskup.

    ĉef'episkop' archevêque | archbishop | Erzbischof | архіепископъ | arcybiskup.

epok' époque | epoch | Epoche | эпоха | epoka.

epolet' épaulette | epaulet, shoulder-strap | Achselband | эполетъ | naramiennik.

er' marque l'unité; ex. **sabl'** sable—**sabl'er'** un grain de sable | one of many objects of the same kind; e. g. **sabl'** sand—**sabl'er'** grain of sand | ein einziges; z. B. **sabl'** Sand—**sabl'er'** Sandkörnchen | отдѣльная единица; напр. **sabl'** песокъ— **sabl'er'** песчинка | oddzielna jednostka; np. **sabl'** piasek— **sabl'er'** ziarnko piasku.

erar' errer | err, mistake | irren | ошибаться, блуждать | błądzić, mylić się.

erinac' hérisson | hedgehog | Igel | ежъ | jeż.

ermen' hermine | ermine | Hermelin | горностай | gronostaj.

ermit' ermite, solitaire | hermit, solitary | Einsiedler | отшельникъ | pustelnik.

erp' herser | harrow | eggen | боронить | bronować.

escept' excepter | except | ausschliessen, ausnehmen | исключать | wykluczać.

esenc' être, essence | essence | Wesen | сущность | istota, treść.

eskadr' escadre | squadron | Geschwader | эскадра | eskadra.

esper' espérer | hope | hoffen | надѣяться | spodziewać się.
mal'esper désespérer | dèspair | verzweifeln | отчаяваться | rozpaczać.
esplor' explorer, rechercher | explore | forschen, untersuchen | изслѣдовать | badać.
esprim' exprimer | express(vb.) | ausdrücken | выражать | wyrażać.
est' être (verbe) | be | sein | быть | być.
estim' estimer | esteem | schätzen | уважать | poważać.
esting' éteindre | extinguish | löschen | гасить | gasić.
estr' chef; ex. **ŝip'** navire — **ŝip'estr'** capitaine | chief, boss; e. g. **ŝip'** ship — **ŝip'estr'** captain — Vorsteher | начальникъ; напр. **ŝip'** корабль — **ŝip'estr'** капитанъ | wódz, zwierzchnik.
estr'ar' gouvernement | government | Obrigkeit | начальство | zwierzchność, władza.
eŝafod' échafaud | scaffold | Schaffot | эшафотъ | rusztowanie.
et' marque diminution, décroissance; ex. **mur'** mur — **mur'et'** petit-mur; **rid'** rire — **rid'et'** sourire | denotes diminution of degree; e. g. **rid'** laugh — **rid'et'** smile | bezeichnet eine Verkleinerung oder Schwächung; z. B. **mur'** Wand — **mur'et'** Wändchen; **rid'** lachen — **rid'et'** lächeln | означаетъ уменьшеніе или ослабленіе степени; напр. **mur'** стѣна — **mur'et'** стѣнка; **rid'** смѣяться — **rid'et'** улыбаться | oznacza zmniejszenie, zdrobnienie lub osłabienie stopnia; np. **mur'** ściana — **mur'et'** ścianka; **rid'** śmiać się — **rid'et'** uśmiechać się.
etaĝ, étage | stage, story (of a house) | Stockwerk, Etage | этажъ | piętro.
etat' état | condition | Etat | штатъ | etat.
etend' étendre | extend | dehnen, strecken, ausbreiten | простирать | rospościerać.
eter' éther | ether | Aether | эфиръ | eter.
etern' éternel | eternal | ewig | вѣчный | wieczny.
evit' éviter | avoid | meiden, ausweichen | избѣгать | unikać.
ezok' brochet | pike (fish) | Hecht | щука | szczupak.

F

fab' fève | bean | Bohne | бобъ | bób, fasola.
fabel' conte | tale, story | Mährchen | сказка | bajka.
fabl' fable | fable | Fabel | басня | baśń.
fabrik' fabrique | fabric | Fabrik | фабрика | fabryka.
facet' facette | facet | Facette | грань | grań.
facil' facile | easy | leicht | легкій | łatwy, lekki.
faden' fil | thread | Faden (zum Nähen etc.) | нить | nić.

metal'faden' fil de métal | thread, wire | Draht | проволока | drut.
fag' hêtre | beech-tree | Buche | букъ | buk.
fajenc' faïence | delft ware | Fayence | фаянсъ | fajans.
fajf' siffler | whistle | pfeifen | свистать | świstać.
fajl' limer | file | feilen | пилить | piłować.
fajr' feu | fire | Feuer | огонь | ogień.
fak' compartiment, branche | drawer, department | Fach | разгородка, отдѣленіе | przegródka.
faktur' facture | bill of lading | Factur, Frachtbrief | накладная | faktura.
fal' tomber | fall | fallen | падать | padać.
fal'et' broncher | stumble | stolpern | спотыкаться | potknąć sie.
falbal' falbala | furbelow | Falbel | фалбала | falbana.
falĉ' faucher | mow, cut grass | mähen | косить | kosić.
falĉ'il' faux | scythe | Sense | коса (для травы) | kosa.
fald' plier | fold | falten | складывать (въ складки) | fałdować.
falk' faucon | falcon | Falke | соколъ | sokół.
fals' falsifier | falsify | fälschen | фальшивить, поддѣлывать | fałszować.
fam' bruit | fame, rumour | Gerücht | молва | pogłoska.
famili' famille | family | Familie | семейство | rodzina.
fand' fondre | melt, cast | giessen, schmelzen | топить, растоплять | roztapiać.
fanfaron' se vanter, faire le glorieux | boast, brag | prahlen | хвастать | przechwalać się.
fantom' spectre, fantôme | vision, ghost | Gespenst | привидѣніе | widmo, upiór.
far' faire | do | thun, machen | дѣлать | robić, czynić.
far'iĝ' devenir (se faire) | become | werden | дѣлаться | stawać się.
faring' pharynx | throat | Schlund | глотка | gardziel.
farm' affermer | farm | pachten | арендовать | dzierżawić.
fart' se porter (santé) | be (well or unwell) | sich (wohl oder nicht wohl) befinden | поживать | mieć się.
fart'o état | state | Zustand | состояніе | stan.
farun' farine | meal, farina | Mehl | мука | mąka.
fask' touffe, faisceau | bundle | Büschel, Bündel | пукъ, пучекъ | wiązka, pęk.
fason' façon | fashion, cut | Façon | фасонъ | fason.
fast' jeûner | fast (vb.) | fasten | поститься | pościć.
faŭk' gueule | jaw | Rachen | зѣвъ | paszcza.
fav' teigne | scurf | Grind, Räude | парша | parch.
favor' favorable | favorable | günstig | благосклонный | przychylny.
fazan' faisan | pheasant | Fasan | фазанъ | bażant.

fe'in' fée | fairy | Fee | Фея | wieszczka.
febr' fièvre | fever | Fieber | лихорадка | febra.
Februar' Février | February | Februar | Февраль | Luty.
feĉ' lie | yeast | Hefen | дрожжи | drożdże.
fel' peau, fourrure | hide, fleece | Fell | шкура, мѣхъ | skóra.
feliĉ' heureux | happy | glücklich | счастливый | szczęśliwy.
felt' feutre | felt | Filz | войлокъ | pilśń.
femur' haut de la cuisse | thigh | Schenkel (Ober-) | бедро, ляшка | biodro.
fend' fendre | split | spalten | раскалывать | łupać, rozpłatać.
fenestr' fenêtre | window | Fenster | окно | okno.
fenkol' fenouil | fennel | Fenchel | укропъ | kopr włoski.
fer' fer | iron | Eisen | желѣзо | żelazo.
 - fer'voj' chemin de fer | railway | Eisenbahn | желѣзная дорога | droga żelazna, kolej.
ferdek' pont, tillac | deck | Verdeck | палуба | pokład.
ferm' fermer | shut | schliessen, zumachen | запирать | zamykać.
 mal'ferm' ouvrir | open | öffnen | отворять | otwierać.
ferment' fermenter | ferment | gähren | бродить, приходить въ броженіе | fermentować.
fervor' zèle, ferveur | zeal, ardour | Eifer | усердіе | gorliwość.
fest' fêter | feast | feiern | празднозать | świętować.
festen' banqueter | feast, banquet | schmausen | пировать | ucztować.
fianĉ' fiancé | betrothed person | Bräutigam | женихъ | narzeczony.
fibr' fibre | fibre | Faser | волокно | włókno.
fid' se fier | rely upon, trust on | sich verlassen | полагаться на к. н. | polegać, spuszczać się.
fidel' fidèle | faithful | treu | вѣрный | wierny.
fier' fier, orgueilleux | proud | stolz | гордый | dumny.
fig' figue | fig | Feige | Фига | figa.
figur' figurer | figure, represent | abbilden | изображать | odmalować, wyobrażać.
fil' fils | son | Sohn | сынъ | syn.
filik' fougère | fern | Farrnkraut | папоротникъ | paproć.
filtr' couler, filtrer | strain, filter | seihen | цѣдить | cedzić.
fin' finir | end | enden, beendigen | кончать | kończyć.
fingr' doigt | finger | Finger | палецъ | palec.
firm' ferme, compacte | firm | fest | плотный | stały, mocny.
 firm'o raison (de commerce), enseigne | firm | Firma | Фирма | firma.
fiŝ' poisson | fish | Fisch | рыба | ryba.
 fiŝ'ole' huile de poisson | fish-oil | Thran | рыбій жиръ | tran.
fistul' fistule | fistula | Fistel | Фистула | fistuła.
flag' bannière | flag | Flagge | Флагъ | bandera, flaga.

flam' flamme | flame | Flamme | пламя | płomień.
flan' flan | flawn | Fladen | блинъ | placek.
flanel' flanelle | flannel | Flanell | фланель | flanela.
flank' côté | side | Seite | сторона | strona.
flar' flairer, sentir | smell (vb.) | riechen, schnupfen | нюхать | wąchać.
flat' flatter | flatter | schmeicheln | льстить | pochlebiać.
flav' jaune | yellow | gelb | желтый | żółty.
fleg' soigner | nourish | warten, pflegen | ухаживать | pielęgnować.
flegm' flegme | phlegm | Phlegma | флегма | flegma.
fleks' fléchir, ployer | bend | biegen | гнуть | giąć.
flik' rapiécer, refaire | patch, repair | ausflicken, einen Flick auflegen | починять | łatać.
flirt' voltiger, voleter | flirt, flutter | flattern | порхать | trzepotać.
flok' flocon | flake, flock | Flocke | клокъ, хлопокъ | kosmyk, kłaczek.
flor' fleurir | flourish | blühen | цвѣсти | kwitnąć.
flor'o fleur | flower, bloom | Blume | цвѣтокъ | kwiat.
flos' radeau, flottage | float, raft | Floss | плотъ | tratwa, flis.
flu' couler | flow | fliessen | течь | plynąć, cieknąć.
de'flu'il' rigole, égout, cannelure | gutter, channel | Rinne | водостокъ | rynna.
flug' voler (avec des ailes) | fly (vb.) | fliegen | летать | latać.
flug'il' aile | wing | Flügel | крыло | skrzydło.
fluid' liquide | fluid | flüssig | жидкій | płynny.
flut' flûte | flute | Flöte | флейта | flet.
foir' foire | fair (subst.) | Jahrmarkt, Messe | ярмарка | jarmark.
foj' fois | time (e. g. three times etc.) | Mal, einmal | разъ | raz.
fojn' foin | hay | Heu | сѣно | siano.
fok' chien de mer, phoque | seal (animal) | Seehund | тюлень | foka, pies morski.
fokus' foyer | focus | Fokus | фокусъ | ognisko.
foli' feuille | leaf | Blatt; Bogen (Papier) | листъ | liść; arkusz.
fond' fonder | found | gründen | основывать | zakładać.
font' source | fountain | Quelle | источникъ | źródło.
fontan' fontaine (jaillissante) | fountain, wellspring | Springbrunnen | фонтанъ | wodotrysk.
for loin, hors | forth, out | fort | прочь | precz.
forĝ' forger | forge | schmieden | ковать | kuć.
forges' oublier | forget | vergessen | забывать | zapominać.
fork' fourchette | fork | Gabel | вилы, вилка | widły, widelec.
form' forme | form | Form | форма | forma, kształt.
formik' fourmi | ant | Ameise | муравей | mrówka.
forn' fourneau, poêle, four | stove | Ofen | печь, печка | piec.
for'permes' donner congé | give furlough | beurlauben | увольнять въ отпускъ | dać urlop.

fort' fort | strong | stark, kräftig | сильный | silny.
fortepian' clavecin | piano-forte | Clavier | рояль | fortepian.
fortik' solide, robuste | solid, durable | fest, haltbar | прочный, крѣпкій | mocny, trwały.
    fortik'aj' forteresse | fortress | Festung | крѣпость | twierdza.
fos' creuser | dig | graben | копать | kopać.
    fos'il' bêche | spade | Spaten | заступъ | rydel.
fosfor' phosphore | phosphorus | Phosphor | фосфоръ | fosfor.
fost' poteau | post, stake | Pfosten | косякъ | przywój.
frag' fraise | strawberry | Erdbeere | земляника | poziomka.
fragment' fragment | fragment | Bruchstück | отрывокъ | urywek.
fraj' frai (des poissons) | spawn | Laich | икра | ikra.
frak' frac | dress-coat | Frack | фракъ | frak.
frakas' broyer, écraser | bruise, triturate | zermalmen | размозжать | druzgotać.
fraksen' frêne | ash | Esche | ясень | jesion.
framason' franc-maçon | freemason | Freimaurer | масонъ | mason, wolny mularz.
framb' framboise | raspberry | Himbeere | малина | malina.
frand' goûter par friandise | junket | naschen | лакомиться | złakomić się.
frang' frange | fringe | Franse | бахрома | frędzla.
frangol' bourdaine | alder | Faulbaum | черемуха | wilczyna.
frap' frapper | hit | klopfen | стучать, ударять | stukać, uderzać.
frat' frère | brother | Bruder | братъ | brat.
fraül' homme non marié | bachelor | unverheiratheter Herr | холостой господинъ | kawaler.
    fraül'in' demoiselle, mademoiselle | miss | Fräulein | барышня | panna.
fremd' étranger | strange, foreign | fremd | чужой | obcy.
frenez' fou | crazy | wahnsinnig | сумашедшій | obłąkany.
freŝ' frais, récent | fresh | frisch | свѣжій | świeży.
fring' pinson | finch | Finke | зябликъ | zięba.
fringel' serin (oiseau) | siskin | Zeisig | чижъ | czyżyk.
fripon' fripon, coquin | rogue, knave | Spitzbube, Schelm | мошенникъ | szelma.
friz' friser | friz, frizzle | frisiren | причесывать | uczesać, trefić.
fromaĝ' fromage | cheese | Käse | сыръ | ser.
front' front | front | Fronte | фронтъ | front.
frost' gelée | frost | Frost | морозъ | mróz.
frot' frotter | rub | reiben | тереть | trzeć.
fru' de bonne heure | early | früh | рано | rano, wcześnie.
frugileg' freux, grolle | rook | Saatkrähe | грачъ | siewka.
frukt' fruit | fruit | Frucht | плодъ | owoc.
frunt' front | forehead | Stirn | лобъ | czoło.

ftiz' phtisie | phthisis, consumption | Schwindsucht | чахотка | suchoty.
fulg' suie | soot | Russ | сажа | sadza.
fulm' éclair | lightning | Blitz | молнія | błyskawica.
fum' fumée | smoke | Rauch | дымъ | dym.
    fum'i fumer | smoke, fume | rauchen | курить | palić.
fund' fond | bottom | Boden, Grund | дно | dno.
fundament' fondement | foundation | Fundament | основаніе | fundament.
funebr' deuil | funeral | Trauer | трауръ | żałoba.
    funebr'a funèbre | funeral | Trauer-, Leichen- | траурный | żałobny.
funel' entonnoir | funnel, mill-hopper | Trichter | воронка | lejek.
fung' champignon | mushroom | Pilz | грибъ | grzyb.
funt' livre | pound | Pfund | фунтъ | funt.
furaĝ' fourrage | forage | Fourrage, Futter | фуражъ | furaż.
furioz' furieux | furious, raging | toll, wüthend | бѣшенный | wściekły.
furunk' furoncle | furuncle | Furunkel | чирей | czyriak.
fuŝ' bousiller | bungle, spoil trade | pfuschen | кропать, плохо работать | partaczyć.
fusten' futaine | fustian | Barchent | бумазея | barchan.
fut' pied (mesure) | foot | Fuss (Mass) | футъ | stopa.

G, Ĝ

gad' merluche | stock-fish | Stockfisch | треска | sztokfisz.
gaj' gai | gay, glad | lustig, fröhlich | веселый | wesoły.
gajl' noix de galle | oak-apple | Gallapfel | чернильный орѣхъ | galas, dębianka.
gajn' gagner | gain | gewinnen | выигрывать | wygrywać.
gal' bile | gall | Galle | желчь | żółć.
galanteri' nippes | millinery | Galanterie-Waare | галантерейный товаръ | towar galanteryjny.
galeri' galerie | gallery | Gallerie | галлерея | galerya.
galon' galon | galloon | Galone | галунъ | galon.
galoŝ' galoche | rubber-shoe | Galosche | калоша | kalosz.
gam' gamme | gammut | Gamme | гамма | gama.
gamaŝ' guêtre | gaiter | Gamasche | штиблетъ | kamasz.
gant' gant | glove | Handschuh | перчатка | rękawiczka.
garanti' garantir | warrant | bürgen | ручаться | ręczyć.
    garanti'aĵ' gage | pawn, pledge | Pfand | залогъ | zastaw.
    garanti'ul' otage | hostage | Geissel | заложникъ | zakładnik.
garb' gerbe | sheaf, shock | Garbe | снопъ | snop.

gard' garder (prendre soin) | guard | hüten | стеречь, беречь | strzedz.
ĝarden' jardin | garden | Garten | садъ | ogród.
gargar' rincer | rinse | spülen | полоскать | płókać.
gas' gaz | gas | Gas | газъ | gaz.
gast' hôte | guest | Gast | гость | gość.
gazel' gazelle | gazel | Gazelle | газель | gazela.
gazet' gazette | gazette, news-paper | Zeitung | газета | gazeta.
ge' les deux sexes réunis; ex. **patr'** père — **ge'patr'o'j** les parents (père et mère) | of both sexes; e. g. **patr'** father — **ge'patr'o'j** parents | beiderlei Geschlechtes; z. B. **patr'** Vater — **ge'patr'o'j** Eltern; **mastr'** Wirth — **ge'mastr'o'j** Wirth und Wirthin | обоего пола, напр. **patr'** отецъ — **ge'patr'o'j** родители; **mastr'** хозяинъ | **ge'mastr'o'j** хозяинъ съ хозяйкой | obojej płci, np. **patr'** ojciec — **ge'patr'o'j** rodzice; **mastr'** gospodarz — **ge mastr'o'j** gospodarstwo (gospodarz i gospodyni).
gelaten' gélatine | jelly | Gallerte | студень, желе | galareta.
ĝem' gémir | groan | stöhnen | стонать | stękać.
ĝen' gêner, serrer | constrain, embarass | geniren | стѣснять | żenować.
generaci' génération | generation | Geschlecht, Generation | поколѣніе | pokolenie.
genitiv' génitif | genitive | Genitiv | родительный падежъ | dopełniacz.
genot' genet, genette | genet | Genettkatze | енотъ | junat.
gent' race | race, kind, genus | Geschlecht, Stamm | племя | plemię.
ĝentil' gentil, poli | gentle | höflich | вѣжливый | grzeczny.
genu' genou | knee | Knie | колѣно | kolano.
ĝerm' germe | bud, sprig | Keim | ростокъ | kiełek.
gest' geste | gesture | Geberde | жестъ, тѣлодвиженіе | giest, ruch ciała.
ĝi cela, il, elle | it | es, dieses | оно, это | ono, to.
ĝib' bosse | hump | Buckel, Höcker | горбъ | garb.
gips' plâtre | gypsum | Gips | гипсъ | gips.
ĝiraf' giraffe | girafe | Giraffe | жирафъ | żyrafa.
ĝis jusqu'à, jusqu'à ce que | up to, until | bis | до | do, aż.
gitar' guitare | guitar | Guitarre | гитара | gitara.
glaci' glace | ice | Eis | ледъ | lód.
  glaci'aĵ' glaces | ice | Gefrornes | мороженное | lody.
glad' repasser (du linge) | smoothe | plätten | гладить (бѣлье) | prasować.
glan' gland | acorn | Eichel | желудь | żołądź.
gland' glande, glandule | gland, glandule | Drüse | железа | gruczoł.
glas' verre (à boire) | glass, vase | Glas (Gefäss) | стаканъ | szklanka.

glat' uni, lisse | slippery | glatt | гладкій | gładki.
glav' glaive, épée | sword | Schwert | мечъ | miecz.
glim' mica | glimmer | Glimmer | слюда | łyszczak.
glit' glisser | glide | gleiten, glitschen | скользить | ślizgać się.
    glit'il' patin | skate | Schlittschuh | коньки | łyżwa.
    glit'vetur'il' traîneau | sled | Schlitten | сани | sanie.
glob' boule, globe | globe | Kugel | шаръ | kula, gałka.
glor' glorifier | glory | rühmen, preisen | славить | wysławiać.
glu' coller | glue | leimen | клеить | kleić.
glut' avaler, engloutir | swallow (vb.) | schlingen, schlucken | глотать | połykać.
gobi' goujon | gudgeon | Gründling | пискарь | kiełb.
ĝoj' se réjouir | joy | sich freuen | радоваться | cieszyć się.
golf' baie | bay | Bucht, Meerbusen | бухта, заливъ | zatoka.
gorĝ' gorge, gosier | throat | Kehle, Gurgel, Hals | горло | gardło.
graci' délié | slender | schlank | стройный | wysmukły, hoży.
grad' degré | degree | Grad, Stufe | градусъ, степень | stopień.
graf' comte | earl, count | Graf | графъ | hrabia.
grajn' grain, pépin | a grain | Korn, Körnchen | зерно | ziarno.
gramatik, grammaire | grammar | Grammatik | грамматика | gramatyka.
granat' grenade | pomegranate | Granatapfel | гранатное яблоко | granatowe jabłko.
grand' grand | great, tall | gross | большой, великій | wielki, duży.
    grand'anim' magnanime | magnanimous | grossmüthig | великодушный | wspaniałomyślny.
granit' granit | granite | Granit | гранитъ | granit.
gras' graisse | fat | Fett | жиръ | tłuszcz.
grat' gratter | scratch | kratzen, ritzen | царапать | drapać.
gratul' féliciter | congratulate | gratuliren | поздравлять | winszować.
grav' grave | important | wichtig | важный | ważny.
graved' enceinte, grosse | pregnant | schwanger | беременная | ciężarna.
gravur' graver | grave, engrave | graviren | гравировать | rytować.
gren' blé | grain | Korn, Getreide | хлѣбъ, жито | zboże.
    gren'ej' grenier | granary, ware-house | Speicher | амбаръ | spichrz.
grenad' grenade | grenade | Granate | граната | granata.
gri' gruau | groats | Grütze | крупа | kasza, krupa.
grifel' burin, style | pin, pencil, style | Griffel | грифель | gryfel.
gril' grillon | cricket (insect) | Grille | сверчокъ | świerk.
grimac' grimace | grimace | Grimasse | гримасса, ужимка | grymas.
grinc' grincer | grate, bruise | knirschen | скрежетать | zgrzytać.
griz' gris | grey | grau | сѣрый, сѣдой | szary, siwy.

gros' groseille à maquereau | gooseberry | Stachelbeere | крыжовникъ | agrest.
groŝ' gros | groat | Groschen | грошъ | grosz.
grot' grotte | grot | Grotte | гротъ | grota.
gru' grue (oiseau) | crane (bird) | Kranich | журавль | żóraw.
grup' groupe | group | Gruppe | группа | grupa.
ĝu' jouir, prendre | enjoy, have the use of | geniessen, sich erquicken | наслаждаться | używać, doznawać, cieszyć się.
gudr' goudron | tar | Theer | деготь | dziegieć.
guf' grand-duc | owl | Uhu | филинъ | puchacz.
gum' gomme | gum, mucilage | Gummi | гумми, камедь | guma.
gurd' orgue de Barbarie | german organ | Leierkasten | шарманка katarynka.
gust' goût | taste | Geschmack | вкусъ | smak, gust.
    gust'um' goûter, essayer | taste | kosten, schmecken | отвѣдывать | kosztować, próbować.
ĝust' juste, correct | straight, just | recht, richtig | какъ разъ, вѣрно | właściwy.
gut' dégoutter | drop | tropfen, triefen | капать | kapać.
    gut'o goutte | drop | Tropfen | капля | kropla.
guvern' gouverner | govern, rule | lenken, erziehen | наставлять | kierować, wychowywać.
gvardi' garde | guard | Garde | гвардія | gwardya.
gvid' guider | guide | leiten, anleiten | руководствовать | być przewodnikiem.

H, Ĥ

ha! ah! | ah, alas | a! ach! | a! ахъ | a! ach!.
hajl' grêle | hail | Hagel | градъ | grad.
hak' hacher, abattre | hew, chop | hauen, hacken | рубить | rąbać.
    hak'il' hache | hatchet, axe | Beil, Axt | топоръ | siekiera.
hal' halle | hall | Halle | зала (базарная) | halla.
haladz' exhalaison mauvaise | exhalation | Dunst | угаръ | swąd, czad.
halt' s'arrêter | come to a stop | anhalten, Halt machen, stocken | останавливаться | stawać, zatrzymywać się.
hamstr' hamster | hamster | Hamster | хомякъ | chomik.
ĥaos' chaos | chaos | Chaos | хаосъ | zamęt, chaos.
har' cheveu | hair | Haar | волосъ | włos.
    har'ar' perruque | periwig | Perücke | парикъ | peruka.
    har'eg' soie de cochon | bristle | Borste | щетина | szczecina.
    har'lig' tresse de cheveux | weft of hair | Zopf | коса (волосъ) | warkocz, kosa.

hard' endurcir | harden | abhärten | закалять | hartować.
haring' hareng | herring | Häring | селедка | śledź.
harp' harpe | harp | Harfe | арфа | arfa.
haŭt' peau | skin | Haut | кожа | skóra.
hav' avoir | have | haben | имѣть | mieć.
haven, port, hâvre | port, harbour | Hafen | гавань | przystań, port.
heder' lierre | ivy | Epheu | плющъ | bluszcz.
hejm' maison, patrie | home | daheim, Heimat | дома | dom, ojczyzna.
hejt' chauffer, faire du feu | heat (vb.) | heizen | топить (печку) | palić (w piecu).
hel' clair (qui n'est pas obscur) | clear, glaring | hell, grell | яркій | jasny, jaskrawy.
help' aider | help | helfen | помогать | pomagać.
   mal'help' déranger, empêcher | hinder | stören, hindern | мѣшать, препятствовать | przeszkadzać.
ĥemi' chimie | chemistry | Chemie | химія | chemia.
hepat' foie | liver | Leber | печень | wątroba.
herb' herbe | grass | Gras | трава | trawa.
   herb'ej' pré, prairie | meadow, green field | Wiese | лугъ | łąka.
hered' hériter | inherit | erben | наслѣдовать | dziedziczyć.
herez' hérésie | heresy | Ketzerei | ересь | kacerstwo, herezja.
herni' hernie | hernia | Bruch (Heilk.) | грыжа | ruptura, pzepuklina.
hero' héros | hero, champion | Held | герой | bohater.
hidrarg' vif-argent, mercure | quicksilver | Quecksilber | ртуть | rtęć.
hidrogen' hydrogène | hydrogen | Wasserstoff | водородъ | wodór.
hieraŭ hier | yesterday | gestern | вчера | wczoraj.
ĥimer' chimère | chimera | Chimäre | химера | chimera.
hipokrit' faire l'hypocrite | feign, play the hypocrite | heucheln | лицемѣрить | być obłudnikiem.
hirud' sangsue | leech | Blutegel | піявка | pijawka.
hirund' hirondelle | swallow (bird) | Schwalbe | ласточка | jaskółka.
hiskiam' jusquiame | henbane | Bilsenkraut | бѣлена | szaleń.
histori' histoire | history, story | Geschichte | исторія | historya.
histrik' porc-épic, hérisson | porcupine | Stachelschwein | дикобразъ | jeż cudzoziemski.
ho! oh! | oh! och! | o! охъ | o! och!.
hodiaŭ aujourd'hui | to-day | heute | сегодня | dziś.
hok' croc, crochet | hook | Haken, Angel | крюкъ | hak.
   fiŝ'hok' hameçon | fishing-hook | Fischangel | уда, удочка | wędka.
   pord'hok' gond (d'une porte) | hinge (of a door) | Thürangel | дверной крюкъ | zawiasa.

ĥoler' choléra | cholera | Cholera | холера | cholera.
hom' homme (l'espèce) | man | Mensch | человѣкъ | człowiek.
honest' honnête | honest | ehŕlich | честный | uczciwy.
honor' honorer | honor | ehren | чтить | czcić.
    honor'o honneur | honour | ehren | честь | cześć, zaszczyt.
hont' avoir honte | shame | sich schämen | стыдиться | wstydzić się.
hor' heure | hour | Stunde | часъ | godzina.
ĥor' chœur | chorus, choir | Chor | хоръ | chór.
horde' orge | barley | Gerste | ячмень | jęczmień.
horizontal' horizontal | horizontal | wagerecht | горизонтальный | poziomy.
horloĝ horloge, montre | clock | Uhr | часы | zegar.
hortulan' ortolan | ortolan | Gartenammer | овсянка | poświerka.
hosti' hostie | host | Weihbrod | просвора | hostya.
hotel' hôtel | hotel | Herberge, Gasthaus | гостинница | hotel, zajazd.
huf' sabot, corne | hoof | Huf | копыто | kopyto.
humil' humble | humble | demüthig | покорный | pokorny.
humor' humeur (caractère) | humor | Laune | расположеніе духа | humor.
hund' chien | dog | Hund | песъ, собака | pies.
husar' houssard | hussar | Husar | гусаръ | huzar.
huz' grand esturgeon | huso, sturgeon | Hausen | бѣлуга | wyz.

I

i marque l'infinitif; ex. laŭd'i louer | termination of the infinitive in verbs; e. g. laŭd'i to praise | bezeichnet den Infinitiv; z. B. laŭd'i loben | означаетъ неопредѣленное наклоненіе; напр. laŭd'i хвалить | oznacza tryb bezokoliczny słowa; np. laŭd'i chwalić.
ia quelconque, quelque | of any kind | irgend welcher | какой-нибудь | jakiś.
ial pour une raison quelconque | for any cause | irgend warum | почему-нибудь | dla jakiejś przyczyny.
iam jamais, un jour | at any time, ever | irgend wann, einst | когда-нибудь | kiedyś.
ibis' ibis | ibis | Ibis |ибисъ | łukodziób.
id' enfant, descendant; ex. bov' bœuf — bov'id' veau; Izrael' Izraël — Izrael'id' Izraëlite | descendant, young one; e. g. bov' ox — bov'id' calf | Kind, Nachkomme; z. B. bov' Ochs — bov'id' Kalb; Izrael' Israel — Izrael'id' Israelit | дитя, потомокъ; напр. bov' быкъ — bov'id' теленокъ; Izrael Израиль

— **Izrael'id'** израильтянинъ | dziecię, potomek; np. **bov'** byk
— **bov'id'** cielę; **Iszrael'** Izrael — **Izrael'id'** Izraelita.
idili' idylle | idyl | Idylle | идиллія | sielanka.
idol' idole | idol | Abgott | идолъ | bożek, bałwan.
ie quelque part | anywhere | irgend wo | гдѣ-нибудь | gdzieś.
iel d'une manière quelconque | anyhow | irgend wie | какъ-нибудь | jakoś.
ies de quelqu'un | anyone's | irgend jemandes | чей-нибудь | czyjś.
ig' faire...; ex. **pur'** pur, propre — **pur'ig'** nettoyer; **mort'** mourir — **mort'ig'** tuer (faire mourir) | to cause to be; e. g. pur pure — **pur'ig'** purify | zu etwas machen, lassen; z. B. pur' rein — **pur'ig'** reinigen; **brul'** brennen (selbst) — **brul'ig'** brennen (etwas) | дѣлать чѣмъ-нибудь, заставить дѣлать; напр. **pur'** чистый — **pur'ig'** чистить; **brul'** горѣть — **brul'ig'** жечь | robić czemś; np. **pur'** czysty — **pur'ig'** czyścić; **brul'** palić się — **brul'ig'** palić.
iĝ' se faire, devenir...; ex. **pal'** pâle — **pal'iĝ'** pâlir; **sid'** être assis — **sid'iĝ'** s'asseoir | to become; e. g. **ruĝ'** red — **ruĝ'iĝ'** blush | zu etwas werden, sich zu etwas veranlassen; z. B. **pal'** blass — **pal'iĝ'** erblassen; **sid'** sitzen — **sid'iĝ'** sich setzen | дѣлаться чѣмъ нибудь, заставить себя...; напр. **pal'** блѣдный — **pal'iĝ'** блѣднѣть; **sid'** сидѣть — **sid'iĝ'** сѣсть | stawać się czemś; np. **pal'** blady — **pal'iĝ'** blednąć; **sid'** siedzieć — **sid'iĝ'** usiąść.
iĥtiokol' colle de poisson | isinglass | Hausenblase | рыбій клей | karuk.
il' instrument; ex. **tond'** tondre — **tond'il'** ciseaux; **paf'** tirer (coup de feu) — **paf'il'** fusil | instrument; e. g. **tond'** shear — **tond'il'** scissors | Werkzeug; z. B. **tond'** scheeren — **tond'il'** Scheere; **paf'** schiessen — **paf'il'** Flinte | орудіе для...; напр. **tond'** стричь — **tond'il'** ножницы; **paf'** стрѣлять — **paf'il'** ружье | narzędzie; np. **tond'** strzydz — **tond'il'** nożyce; **paf'** strzelać — **paf'il** fuzya.
ili ils, elles | they | sie (Mehrzahl) | они, онѣ | oni.
ili'a leur | their | ihr | ихъ | ich.
ilumin' illuminer | illuminate | illuminiren | иллюминовать | iluminować.
imag' imaginer | imagine | einbilden | воображать | imaginować.
imit' imiter | imitate | nachahmen | подражать | naśladować.
imperi' empire | empire | Kaiserreich | имперія | cesarstwo.
impres' impression | impression | Eindruck | впечатлѣніе | wrażenie.
implik' impliquer, empêtrer | implicate | verwickeln | запутывать, осложнять | zawikłać.
in' marque le féminin; ex. **patr'** père — **patr'in'** mère | ending of feminine words; e. g. **bov'** ox — **bov'in'** cow | bezeichnet das

weibliche Geschlecht; z. B. **patr'** Vater — **patr'in'** Mutter; **fianĉ'** Bräutigam — **fianĉ'in'** Braut | женскій полъ; напр. **patr'** отецъ — **patr'in'** мать; **fianĉ'** женихъ — **fianĉ'in'** невѣста | oznacza płeć żeńską; np. **patr'** ojciec — **patr'in'** matka; **kok'** kogut — **kok'in'** kura.

incit' agacer, irriter | provoke, incite | reizen | раздражать | draźnić.

ind' mérite, qui mérite..., qui est digne de...; ex. **laŭd'** louange — **laŭd'ind'** digne de louange | worth | würdig, werth | достойный | godny, wart.

indiferent' indifférent | indifferent | gleichgültig | равнодушный | obojętny.

indign' s'indigner | be angry | entrüstet sein | негодовать | oburzać się.

indulg' épargner | save | schonen, verschonen | щадить | oszczędzać, przepuszczać.

industri' industrie | industry | Industrie | промышленность | przemysł.

infan' enfant | child | Kind | дитя | dziecię.

infekt' infecter | infect | anstecken | заражать | zarażać.

infer' enfer | hell | Hölle | адъ | piekło.

influ' influer | influence | Einfluss haben | вліять | wywierać wpływ.

infuz' infuser | infuse | ziehen lassen, infundiren | настаивать, настойка | wymaczać.

ing' marque l'objet dans lequel se met, ou mieux s'introduit...; ex. **kandel'** chandelle — **kandel'ing'** chandelier; **plum'** plume — **plum'ing'** porte-plume | holder for; e. g. **kandel'** candle — **kandel'ing'** candlestick | Gegenstand, in den etwas eingestellt, eingesetzt wird; z. B. **kandel'** Kerze — **kandel'ing'** Leuchter; **plum'** Feder — **plum'ing'** Federhalter | вещь, въ которую вставляется, всаживается; напр. **kandel'** свѣча — **kandel'ing'** подсвѣчникъ; **plum'** перо — **plum'ing'** ручка для перьевъ | przedmiot, w który się coś wsadza, wstawia; np. **kandel'** świeca — **kandel'ing'** lichtarz; **plum'** pióro — **plum'ing'** obsadka do pióra.

ingven' aine | groin | Leisten-, Weichengegend | пахъ | pachwina.

inĝenier' ingénieur | engineer | Ingenieur | инженеръ | inźynier.

iniciat' causer, engager | cause, engage | anstiften, veranlassen | зачинать, починъ | zapoczątkować, dać inicyatywę.

ink' encre | ink | Dinte | чернила | atrament.

inklin' enclin | inclined | geneigt, bereit | склонный | skłonny.

inokul' inoculer | imp, inoculate | impfen | прививать | szczepić.

insekt' insecte | insect | Insekt | насѣкомое | owad.

insid' tendre des pièges | lay snares | nachstellen | подстерегать | zasadzać się, prześladować.

insign' armes, armoiries | arms | Wappen | гербъ | herb.

inspir' inspirer | inspire | einflössen | вдохновлять | wpajać, natchnąć.
instig' instiguer | instigate | antreiben, anspornen, hetzen | подстрекать | podniecać.
institut' institut | institute | Anstalt | учрежденіе | zakład.
instru' instruire, enseigner | instruct, teach | lehren | учить | uczyć.
instrukci' instruction | instruction | Instruction | инструкція | polecenie.
insul' ile | island | Insel | островъ | wyspa. *
insult' injurier | insult | schelten, schimpfen | ругать | besztać, łajać, szkalować.
int' marque le participe passé du verbe actif; ex. **far'** faire — **far'int'** ayant fait | ending of past part. act. in verbs; e. g. **am'int'** having loved | bezeichnet das Particip. perfecti act. | означаетъ причастіе прошедшаго времени дѣйств. залога | oznacza imiesłów czynny czasu przeszłego.
intenc' se proposer de | intend | beabsichtigen | намѣреваться | zamierzać.
inter entre, parmi | between, among | zwischen | между | między.
interes' intéresser | interest | interessiren | интересовать | interesować.
interjekci' interjection | interjection | Interjection | междометіе | wykrzyknik.
intern' intérieur, dedans | inner | innerhalb, im Innern | внутри | wewnątrz.
interpunkci' ponctuation | punctuation | Interpunctionszeichen | знакъ препинанія | znaki pisarskie.
intest' intestin | intestine | Darm | кишка | kiszka.
intim' intime | intimate | intim | интимный | serdeczny, zażyły.
intrig' intriguer | intrigue | Ränke schmieden | интриговать | intrygować.
invit' inviter | invite | einladen | приглашать | zapraszać.
intermit' omettre, interrompre | intermit | intermittiren | перемежаться | przerywać się, folgować.
io quelque chose | anything | etwas | что-нибудь | coś.
iom un peu, quelque peu de | any quantity | ein wenig | сколько-нибудь | ilekolwiek.
ir' aller | go | gehen | идти | iść.
   ir'il' échasse | stilt, scatch | Stelze | ходули | szczudło.
is marque le passé; ex. **far'** faire — **mi far'is** je faisais, j'ai fait etc. | ending of past tense in verbs; e. g. **am'is** loved | bezeichnet die vergangene Zeit | означаетъ прошедшее время | oznacza czas przeszły.
ist' marque la profession; ex. **bot'** botte — **bot'ist'** bottier; **mar'** mer — **mar'ist'** marin | person occupied with; e. g. **mar'** sea

— **mar'ist'** sailor | sich mit etwas beschäftigend; z. B. **bot'** Stiefel — **bot'ist'** Schuster; **mar'** Meer — **mar'ist'** Seeman | занимающійся; напр. **bot'** сапогъ — **bot'ist'** сапожникъ; **mar'** море — **mar'ist'** морякъ | zajmujący się; np. **bot'** but — **bot'ist'** szewc; **mar'** morze — **mar'ist'** marynarz.

it' marque le participe passé passif; ex. **far'** faire — **far'it'** fait (qu'on a fait), ayant été fait | ending of past part. pass. in verbs; e. g. **am'it'** having been loved | bezeichnet das Particip. perfecti passivi | означаетъ причастіе прошедшаго времени страдательнаго залога | oznacza imiesłów bierny czasu przeszłego.

iu quelqu'un | any one | jemand | кто-нибудь | ktoś.

izol' isoler | isolate | isoliren | уединять | odosabniać.

J, Ĵ

J marque le pluriel; ex. **hom'o** homme — **hom'o'j** hommes | sign of the plural; e. g. **patr'o** father — **patr'o'j** fathers | bezeichnet den Plural | означаетъ множественное число | oznacza liczbę mnogą.

ja en effet, de fait, donc, n'est-ce pas | indeed | ja, doch | вѣдь | wszakże.

jak' veste | jacket | Jacke | куртка | kurtka, kaftanik.

jaluz' jaloux | jealous | eifersüchtig | ревнивый | zazdrosny.

jam déjà | already | schon | уже | już.

Januar' Janvier | January | Januar | Январь | Styczeń.

jar' année | year | Jahr | годъ | rok.

jasmen' jasmin | jasmine | Jasmin | жасминъ | jaźmin.

jaŭd' jeudi | Thursday | Donnerstag | четвергъ | czwartek.

je se traduit par différentes prépositions; sa signification est toujours aisément suggérée par le sens de la phrase | can be rendered by various English prepositions | kann durch verschiedene Präpositionen übersetzt werden | можетъ быть переведено различными предлогами | może być przetłomaczone za pomocą różnych przyimków.

jen voilà, voici | behold, lo | da! siehe! | вотъ | otóż.

jen — jen tantôt — tantôt | sometimes — sometimes | bald — bald | то—то | to — to.

jes oui | yes | ja | да | tak.

jes'ig' confirmer | confirm | bestätigen | подтверждать | potwierdzać.

jet' jeter | throw | werfen | бросать | rzucać.

jongl' bouffonner | juggle | gaukeln | фокусничать | kuglować.

ju—des plus — plus | the — the | je — desto | чѣмъ — тѣмъ | im — tem.
jug' joug | yoke | Joch | иго | jarzmo.
juĝ' juger | judge | richten, urtheilen | судить | sądzić.
jugland' noix | walnut | Wallnuss | грецкій орѣхъ | orzech włoski,
juk' démanger | itch | jucken | зудѣть | swędzić.
Juli' Juillet | July | Juli | Іюль | Lipiec.
jun' jeune | young | jung | молодой | młody.
jung' atteler | couple, harness (vb.) | spannen (z. B. Pferde) | запрягать | zaprzęgać.
Juni' Juin | June | Juni | Іюнь | Czerwiec.
juniper' genevrier, genièvre | juniper | Wachholder | можжевельникъ | jałowiec.
jup' jupe, jupon | petticoat | Frauenrock, Unterrock | юбка | spódnica.
ĵur' jurer | swear | schwören | клясться, божиться | przysięgać.
jus justement, à l'instant | just, exactly | soeben | только что | właśnie, tylko co.
just' juste | just, righteous | gerecht | справедливый | sprawiedliwy.
juvel' bijou | jewel | Edelstein | драгоцѣнный камень | kamień drogi.

K

kaĉ' gâchis | pap | Brei | каша | kasza.
kadr' cadre | frame | Rahmen | рама | rama.
kaduk' caduc, périssable | falling, perishable | hinfällig | дряхлый | wątły, zgrzybiały.
kaf' café | coffee | Kaffee | кофе | kawa.
kaĝ' cage | cage | Käfig | клѣтка | klatka.
kahel' carreau | earthen pane | Kachel | кафля | kafel, kafla.
kaj et | and | und | и | i, a.
kajer' cahier | paper covered book, copy book | Heft | тетрадь | kajet.
kajut' cajute | cabin | Kajüte | каюта | kajuta.
kal' cor (aux pieds) | corn (on the foot) | Hühnerauge | мозоль | nagniotek, odcisk.
kaldron' chaudron | kettle | Kessel | котелъ | kocioł.
kaleŝ' carosse, calèche | carriage | Wagen | коляска | powóz.
kalfatr' calfater | calk | kalfatern | конопатить | zalepiać, konopaczyć.
kalik coupe, calice | bowl | Kelch | чаша | kielich.
kalk' chaux | lime | Kalk | известь | wapno.
kalikot' calicot | calico | Calico | коленкоръ | perkal.

kalkan' talon (du pied) | heel | Ferse | пятка | pięta.
kalkul' compter | calculate | rechnen | считать | rachować, liczyć.
kalson' caleçons | drawers | Unterhosen | подштанники | gacie, kalesony.
kalumni' calomnier | calumniate | verläumden | клеветать | obgadywać, potwarzać.
kambi' lettre de change | exchange | Wechsel (Kaufm.) | вексель | weksel.
kamel' chameau | camel | Kameel | верблюдъ | wielbłąd.
kamen' cheminée | fire-place | Kamin | камннъ | kominek.
   kamen'tub' cheminée | chimney | Schornstein | дымовая труба | komin.
kamer' chambre | chamber | Kammer | камера | komora, komórka.
kamfor' camphre | camphire, camphor | Kampher | камфора | kamfora.
kamizol' camisole | waistcoat | Brustwamms | фуфайка | kaftanik.
kamlot' camelot | camlet | Camelot | камлотъ | kamlot.
kamomil' camomille | camomile | Kamille | ромашка | rumianek.
kamp' champ, campagne | field | Feld | поле | pole.
kan' roseau, canne | cane | Rohr | трость | trzcina.
kanab' chanvre | hemp | Hanf | конопля | pieńka, konopie.
kanajl' canaille | mob, canaille | Canaille | каналья | łajdak.
kanap' canapé | sofa, lounge | Kanapee | диванъ | kanapa.
kanari' canari, serin | canary | Kanarienvogel | канарейка | kanarek.
kancelari' chancellerie | chancery | Kanzlei | канцелярія | kancelarya.
kancelier' chancelier | chancellor | Kanzler | канцлеръ | kanclerz.
kand' candi (sucre) | sugar-candy | Candelzucker | леденецъ | cukier lodowaty.
kandel' chandelle | candle | Licht, Kerze | свѣча | świeca.
kankr' écrevisse | crab | Krebs | ракъ | rak.
kant' chanter | sing | singen | пѣть | śpiewać.
kantarid' cantharide | cantharide | spanische Fliege | шпанская муха | mucha hiszpańska.
kantor' chantre | chanter | Cantor | канторъ | kantor, śpiewak kościelny.
kanvas' canevas | canvass, draught | Canevas | канва | kanwa.
kap' tête | head | Kopf | голова | głowa.
kapabl' capable, apte | capable | fähig | способный | zdolny.
kapel' chapelle | chapel | Kapelle | капелла | kapela.
kapitan' capitaine | captain | Hauptmann | капитанъ | kapitan.
kapitel' chapiteau | chapiter | Säulenknauf | капитель | słupogłów.
kapitulac' capituler | capitulate | capituliren | капитулировать | kapitulować.
kapon' chapon | capon | Kapaun | каплунъ | kapłon.

kapot' capote | great coat with a cape | Capot | капотъ | kapota.
kapor' câpre | caper | Kaper | каперсъ | kaparki.
kapr' bouc | goat | Bock | козелъ | kozioł.
kapreol' chevreuil | roe, roe-buck | Reh | козуля | sarna.
kapric' caprice | caprice, whim | Caprice, Laune | капризъ | kaprys.
kapsul' capsule | capsule | Kapsel | капсуля | kapsułka.
kapt' attraper | catch | fangen | ловить | chwytać.
   kapt'il' piège | trap, pit-fall | Schlinge, Falle | силокъ | sidło.
kapucen' capucin | capuchin friar | Kapuziner | капуцинъ | kapucyn.
kapuĉ' capuce, capuchon | capuchin, cowl | Capuchon | капишонъ | kaptur.
kar' cher | dear | theuer | дорогой | drogi.
karaben' carabine | carabine | Karabiner | карабинъ | karabin.
karaf' carafe | caraffe, decanter | Caraffe | графинъ | karafka.
karakter' caractère | character | Charakter | характеръ | charakter.
karas' carassin (poisson) | crucian | Karausche | карась | karaś.
karb' charbon | coal | Kohle | уголь | węgiel.
kard' chardon | thistle | Distel | чертополохъ | oset.
kardel' chardonneret | thistle-finch | Stieglitz, Distelfink | щеголъ, щегленокъ | szczygieł.
kares' caresser | caress | liebkosen | ласкать | pieścić.
kariofil' girofle (clou de) | clove | Nelke | гвоздика | goździk.
karmin' carmin | carmine | Carmin | карминъ | karmin.
karnaval' carnaval | carnaval | Fasching | карнавалъ, масляница | karnawał.
karo' carreau (cartes) | diamond | Carreau (in Karten) | бубны | karo.
karob' caroube | carob bean | Johannisbrod | сладкій рожокъ | chleb św. Jana.
karot' carotte | carret | Möhre, Mohrrübe | морковь | marchew.
karp' carpe (poisson) | carp (fish) | Karpfen | карпъ | karp.
karpen' charme | yoke-elm | Hagebuche, Hornbaum | грабъ, грабина | grab.
kart' carte | card | Karte | карта | karta; mapa.
kartav' grasseyer | speak thick | schnarren (beim Sprechen) | картавить | nieczysto wymawiać.
kartilag' cartilage | cartilage | Knorpel | хрящъ | chrząstka.
kartoĉ' cartouche | cartouch | Kartätsche | картечь | kartacz.
karton' carton | pap | Pappe | картонъ, папка | tektura.
karusel' carrousel | carousal | Carroussel | карусель | karuzela.
kas' caisse | chest, money-box | Kasse | касса | kassa.
kaŝ' cacher | hide (vb.) | verbergen, verhehlen | прятать | chować.
kaserol' casserole | stewpan | Casserolle | кострюля | rondel.
kask' casque | helmet | Helm | шлемъ | hełm, szyszak.
kaŝtan' châtaigne | chestnut | Kastanie | каштанъ | kasztan.

kastel' château | castle | Schloss, Kastell | замокъ | zamek.
kastor' castor | beaver | Biber | бобръ | bóbr.
kastr' châtrer | cut, curtail | castriren | кастрировать | rzezać, wałaszyć.
kat' chat | cat | Katze | котъ | kot.
kataplasm' cataplasme | poultice | Kataplasma | припарка | kataplazm.
katar' catarrhe | catarrh | Schnupfen, Katarrh | насморкъ, катаръ | katar.
katarakt' cataracte (yeux) | cataract | Staar (Augenkrankheit) | катаракта | katarakta.
katen' chaîne | fetter | Fessel | оковы, кандалы | kajdany.
katun' toile de coton | cotton, calico | Kattun | ситецъ | kreton.
kaŭteriz' cautériser | cauterise | ätzen | прижигать | wypalać.
kaŭz' causer | cause | verursachen | причинять | powodować, sprawiać.
    kaŭz'o cause | cause | Ursache | причина | przyczyna.
kav' fosse, creux | cave | Grube | яма | dół, loch.
kavalir' chevalier | cavalier, knight | Ritter | рыцарь | rycerz.
kavern' caverne | cavern | Höhle | пещера | jaskinia, pieczara.
kaviar' caviar | caviare | Kaviar | икра | kawior.
kaz' cas | case | Kasus | падежъ | przypadek.
kaze' fromage à la pie | whey-cheese | Quark | творогъ | twaróg.
ke que | that (conj.) | dass, damit | что, чтобы | że, żeby.
kegl' quille | keel | Kegel | кегель, кегля | kręgiel.
kel' cave (la) | cellar | Keller | погребъ | piwnica.
kelk' quelque | some | mancher | нѣкоторый | niektóry.
kelner' garçon | boy | Kellner | половой, кельнеръ | kelner.
ken' bois résineux | resinous wood | Kienholz | лучина | łuczywo.
ker' cœur | heart | Herz | черви (въ картахъ) | czerwień.
kern' noyau | kernel | Kern | ядро | jądro.
kerub' chérubin | cherub | Cherub | херувимъ | cherubin.
kest' caisse, coffre | chest, box | Kiste, Kasten, Lade | ящикъ | skrzynia.
    tir'kest' tiroir | drawer | Schublade | выдвижной ящикъ | szuflada.
kia quel | of what kind | was für ein, welcher | какой | jaki.
kial pourquoi | why, wherefore | warum | почему | dlaczego.
kiam quand, lorsque | when | wann | когда | kiedy.
kie où | where | wo | гдѣ | gdzie.
kiel comment | how | wie | какъ | jak.
kies à qui? dont, duquel | whose | wessen | чей | czyj.
kil' quille | keel, careen | Kiel (eines Schiffes) | киль | tram, stępka.
kio quoi | what | was | что | co.
kiom combien | how much | wie viel | сколько | ile.

kiras' cuirasse | cuirass | Kürass | панцырь | kirys.
kis' baiser, embrasser | kiss | küssen | цѣловать | całować.
kitel' souquenille | frock | Kittel | балахонъ | kieca.
kiu qui, lequel, laquelle | who, which | wer, welcher | кто, который | kto, który.
klaft' toise (russe) | fathom (measure) | Faden, Klafter | сажень | sążeń.
klap' clapet | flap | Klappe | клапанъ | klapka, zasuwka, zastawka.
klar' clair (qui n'est pas trouble) | clear | klar | ясный | jasny.
klarnet' clarinette | clarinet | Clarinette | кларнетъ | kiarnet.
klas' classe | class | Classe | классъ | klassa.
klav' touche | cliff | Klaviertaste | клавишъ | klawisz.
kler' bien élevé | educated | gebildet | образованный | wykształcony.
klimat' climat | climate, clime | Klima | климатъ | klimat.
klin' incliner, pencher | bend, incline | neigen | наклонять | chylić.
klister' clystère | clyster | Klystier | клистиръ | enema, lewatywa.
klopod' se donner de la peine | endeavour | sich Mühe geben | хлопотать | kłopotać się.
kloŝ' cloche | bell | Kappe, Glocke (z. B. über einer Uhr) | колпакъ (напр. лампы и т. п.) | klosz.
klub' société | club | Club | клубъ | klub.
kluz' écluse | sluice | Schleuse | шлюзъ | śluza.
knab' garçon | boy | Knabe | мальчикъ | chłopiec.
kned' pétrir | knead | kneten | мѣсить | ugniatać, mięsić.
koaks' coke | coak, coke | Koaks | коксъ | koks.
kobalt' cobalt | cobalt | Kobalt | кобальтъ | kobalt.
kobold' farfadet | gnome | Kobold | домовой (духъ) | poczwara, dyabełek.
koĉenil' cochenille | cochineal | Cochenille | кошениль | |koszenila.
kojn' coin (instrument) | wedge | Keil | клинъ | klin.
kok' coq | rooster | Hahn | пѣтухъ | kogut.
kokcinel' coccinelle | rose-chafer | Marienkäfer | козявка, Божья коровка | biedrunka.
koket' coquet | coquet | coquett | кокетливый | zalotny.
kokluŝ' coqueluche | chin-cough, hooping-cough | Keuchhusten | коклюшъ | koklusz.
kokos' coco | cocoa | Kokos | кокосъ | orzech kokosowy.
koks' hanche | hip, hanch | Hüfte | тазобедренное сочленение | lędźwie.
kol' cou | neck | Hals | шея | szyja.
  kol'um' faux-col | collar | Kragen | воротникъ | kołnierz.
  kol'har'o'j crinière | mane | Mähne | грива | grzywa.
kolbas' andouille, boudin | sausage, saucisson | Wurst | колбаса | kiełbasa.
koleg' camarade, collègue | colleague | Kamerad | товарищъ | towarzysz, kolega.

kolekt' amasser, collectionner | collect | sammeln | собирать | zbierać.
koler' se fâcher | mad be angry | zürnen | сердиться | gniewać się.
kolibr' colibri | colibri | Kolibri | колибри | koliber.
kolimb' plongeon (oiseau) | plungeon, diver | Taucher (Vogel) | гагара | nur.
kolofon' colophane | rosin | Colophonium | канифоль | kolofonia.
kolomb' pigeon, colombe | dove | Taube | голубь | gołąb'.
kolon' colonne | column | Säule | столбъ | słup.
kolor' couleur | color | Farbe | цвѣтъ, краска | kolor.
kolport' colporter | hawk | hausiren | разносить (товары) | kolportować, roznosić.
kolubr' couleuvre | adder, snake | Hausschlange | ужъ | wąż.
kom' virgule | comma | Komma | запятая | przecinek.
komand' commander | command | commandiren | командовать | komendować.
komb' peigner | comb | kämmen | чесать | czesać.
kombin' combiner | combine | combiniren | комбинировать | kombinować.
komenc' commencer | commence | anfangen | начинать | zaczynać.
komentari' commenter | comment | erläutern, commentiren | комментировать | komentować.
komerc' commercer | trade | handeln, Handel treiben | торговать | handlować.
    komerc'aj' marchandise | ware, merchandise | Waare | товаръ | towar.
komfort' aise, agrément | comfort | Komfort | комфортъ | komfort, przepych.
komisi' commissionner, charger (quelqu'un de...) | commission | auftragen, beauftragen | поручать | zlecać.
komitat' comité | committee | Comité, Ausschuss | комитетъ | komitet.
komiz' commis (un) | clerk | Commis | прикащикъ | subjekt.
komod' commode (meuble) | chest of drawers | Commode | коммодъ | komoda.
kompar' comparer | compare | vergleichen | сравнивать | porównać.
kompat' avoir compassion | compassionate | Mitleid haben | сострадать | współczuwać.
komplez' complaisance | favor, liking | Gefallen | услуга, угожденіе | przysługa, usługa, dogadzanie.
kompost' composer (typogr.) | set (type) | setzen (Buchdruck.) | набирать (въ типографіи) | składać (w druku).
kompren' comprendre | understand | verstehen | понимать | rozumieć.

kompres' compresse | compress | Compresse | компрессъ | kompres, okład.
komun' commun | common | gemeinsam | общій | ogólny, wspólny.
   komun'um' commune, paroisse | community, parish | Gemeinde | община | gmina.
komuni' donner le Saint Sacrement | administer the sacrament | das heilige Abendmahl reichen | пріобщать (Св. Таинъ) | udzielać Komunję.
komunik' communiquer | communicate | communiciren, verbinden | сообщать | komunikować.
kon' connaître | know (by experience or study), recognise | kennen | знать (быть знакомымъ) | znać.
koncern' concerner | concern | betreffen, angehen | касаться, относиться | tyczyć się.
kondamn' condamner | condemn | verurtheilen | осуждать | osądzać.
kondiĉ' condition | condition | Bedingung | условіе | warunek.
kondolenc' condouloir | condole | Beileid bezeigen | соболѣзновать | pocieszać, kondolować, okazać współczucie.
konduk' conduire | conduct | führen | вести | prowadzić.
   konduk'il' rêne | rein | Zügel | поводъ (у лошади) | leice.
kondut' se conduire (bien ou mal) | conduct | sich aufführen, sich benehmen | вести себя | prowadzić się, sprawować się.
konfes' avouer | confess | bekennen, gestehen | признавать, исповѣдывать | przyznawać.
konfid' se fier, se confier | confide, trust | trauen, vertrauen | довѣрять | dowierzać.
konfirm' confirmer, ratifier | confirm, ratify | bestätigen | утверждать | utrzymywać.
konfit' confire | preserve with sugar | einmachen (mit Zucker) | варить въ сахарѣ | smażyć w cukrze.
konform' conformément | conformably | gemäss, entsprechend | сообразный | odpowiedni.
konfuz' confondre, embrouiller | confuse | verwirren | смущать | konfundować, zmięszać.
konjekt' conjecturer | conject, conjecture | vermuthen | догадываться | domyślać się, przypuszczać.
konjugaci' conjuguer | conjugate | conjugiren | спрягать | konjugować.
konjunkci' conjonction | conjunction | Bindewort | союзъ | spójnik.
konk' coquille, coquillage | shell | Muschel | раковина | muszla.
konklud' conclure | conclude | schliessen, folgern | выводить заключеніе | wnioskować.
konkur' rivaliser | rival | concurriren | конкурировать | konkurować.
konkurs' concours | concourse | Concurs | конкурсъ | konkurs.

konsci' avoir conscience | be conscious of | sich bewusst sein | сознавать | mieć świadomość.
konscienc' conscience | conscience | Gewissen | совѣсть | sumienie.
konsekvenc' conséquent | consequent | consequent | послѣдовательный | konsekwentny.
konsent' consentir | consent | übereinstimmen, einwilligen | соглашаться | zgadzać się.
konserv' conserver | preserve | aufbewahren | сохранять | przechowywać, zachowywać.
konsider' considérer | consider | betrachten, überlegen, erwägen | соображать | zastanawiać się, rozmyślać.
konsil' conseiller | advise, counsel | rathen | совѣтовать | radzić.
konsist' consister | consist | bestehen (aus...) | состоять | składać się.
konsol' consoler | console | trösten | утѣшать | pocieszać.
konsonant' consonne | consonant | Konsonant | согласная | spółgłoska.
konspir' conspirer | conspire | sich verschwören | дѣлать заговоръ | konspirowac.
konstant' constant | constant | beständig | постоянный | stały, ustawiczny.
konstat' constater | prove, verify | konstatiren | подтверждать | konstatować.
konstern' consterner | astonish | bestürzen | озадачивать, смущать | ambarasować.
konstru' construire | construct, build | bauen | строить | budować.
konsum' consumer | consume | zehren, abzehren | истощать, потреблять | konsumować.
kontant' comptant | paid in cash | baar | наличный | w gotówce.
kontent' content | content | zufrieden | довольный | zadowolony.
kontor' comptoir | office, counting-house | Komptor | контора | kantor (biuro).
kontrakt' contracter | contract | einen Vertrag abschliessen | заключать договоръ | zawierać umowę.
kontraŭ contre | against | gegen | противъ | przeciw.
    kontraŭ'e vis-à-vis; au contraire | over against; on the contrary | gegenüber; im Gegentheil | напротивъ; насупротивъ | przeciwnie; naprzeciw.
kontur' contour | outline, contour | Umriss | контуръ | kontur.
kontuz' broyer | contuse | wund stossen, quetschen | контузить, ушибить | gnieść, tłuc.
konval' muguet | may flower | Maiblümchen | ландышъ | konwalia.

konven' convenir | convenient | sich geziemen | приличествовать | wypadać, przystawać.
konvert' convertir | convert | bekehren | обращать (напр. въ християнство) | nawrócić.
konvink' convaincre | convince | überzeugen | убѣждать | przekonać.
konvulsi' convulsion | convulsion | Krampf | судороги | konwulsye.
konus' cône | cone | Konus | конусъ | ostrokrąg.
kopi' copier | copy | copiren | копировать | kopjować.
kor' cœur | heart | Herz | сердце | serce.
koran' Coran | Coran | Koran | Коранъ | Koran.
korb' panier, corbeille | basket | Korb | корзина | kosz.
kord' corde | string (piano etc.) | Saite | струна | struna.
korekt' corriger | correct | bessern, corrigiren | исправлять | poprawiać.
korespond' correspondre | correspond | correspondiren | переписываться | korespondować.
kork' bouchon | cork | Kork | пробка | korek.
korn' corne | horn | Horn | рогъ | róg.
kornic' corniche | mantlepiece, shelf | Gesims | карнизъ | gzems.
korp' corps | body | Körper | тѣло | ciało.
korporaci' corporation | corporation | Zunft, Körperschaft | цехъ, корпорація | korporacya, cech.
korpus' corps | body of an army | Corps | корпусъ | korpus.
kort' cour | court | Hof | дворъ | podwórze.
 kort'eg' cour (d'un souverain) | court | Hof (Königlicher) | Дворъ (царскій) | dwór, pałac.
korv' corbeau | raven | Rabe | воронъ | kruk.
kost' coûter | cost, price | kosten | стоить | kosztować.
 kost'o prix | price | Preis | цѣна | koszt, cena.
kostum' costume | costume | Costüm | костюмъ | kostjum.
kot' boue | dirt | Koth, Schmutz | грязь | błoto.
koton' coton | cotton | Baumwolle | хлопчатая бумага | bawełna.
koturn' caille | quail (bird) | Wachtel | перепелъ | przepiórka.
kov' couver | brood, covey | brüten | высиживать птенцовъ | wylęgać.
kovert' enveloppe (à lettres) | envelope | Briefcouvert | конвертъ | koperta.
kovr' couvrir | cover | verdecken, verhüllen | закрывать | zakrywać.
 kovr'il' (de libr'o) enveloppe | envelop | Umschlag, Hülle | обертка | okładka.
 kovr'il' (de fenestr'o) contrevent | window shutter | Fensterladen | ставень | okiennica.
 mal'kovr' découvrir | detect, discover | entdecken | открывать | odkrywać.

kraĉ' cracher | spit | speien | плевать | pluć.
krad' grille | grate, crossbars | Gitter | рѣшетка | krata.
krajon' crayon | pencil | Bleistift | карандашъ | ołówek.
krak' craquer | crack | krachen, knallen, knarren | трещать | trzeszczeć.
kraken' craquelin | cracknel | Bretzel | крендель | ciastko.
kramp' crampon, parenthèse | clamp, holdfast, staple | Krampe, Klammer | скоба | klamra.
kran' robinet | tap, spigot | Zapfen | кранъ | kran.
krani' crâne | skull | Schädel | черепъ | czaszka.
kratag' aubépine | hawthorn | Weissdorn | боярышникъ | głóg.
krater' cratère | crater | Krater | жерло, кратеръ | krater.
kravat' cravate | cravat | Halsbinde, Cravate | галстукъ | krawat.
kre' créer | create | schaffen, erschaffen | создавать | stwarzać.
kred' croire | believe | glauben | вѣрить | wierzyć.
   kred'ebl' vraisemblable, probable | verisimilar, probable | wahrscheinlich | вѣроятный | prawdopodobny.
krem' crème | cream | Schmant, Sahne | сливки | śmietana.
kren' raifort | horse-radish | Meerrettig | хрѣнъ | chrzan.
krep' crêpe | crape | Krepp | крепъ | krepa.
krepusk' crépuscule | twilight | Dämmerung | сумерки | zmierzch.
kresk' croître | grow, increase | wachsen | рости | rosnać.
   kresk'aĵ' plante | plant | Pflanze | растеніе | roślina.
kret' craie | chalk | Kreide | мѣлъ | kreda.
krev' crever | crash | platzen | лопнуть | pęknąć.
kri' crier | cry | schreien | кричать | krzyczeć.
kribr' cribler, tamiser | sieve | sieben, durchsieben | просѣивать | przecedzić, przesiać.
krim' crime | crime | Verbrechen | преступленіе | występek, przestępstwo.
kriminal' criminel | criminal | criminal | уголовный | karny, kryminalny.
kring' craquelin | cracknel | Kringel | бубликъ | obwarzanek.
kripl' estropié | crippled | Krüppel | уродливый | kaleki.
krisp' fraise | ruff | Krause, Gekröse | брыжи, брыжейка, курчавость | kreza.
Krist' Christ | Christ | Christus | Христосъ | Chrystus.
   krist'an chrétien | christian | Christ | христіанинъ | chrześcijanin.
   krist'nask' Noël | Christmas | Weihnachten | Рождество Христово | Boże Narodzenie.
kristal' cristal | crystal | Krystall | кристаллъ | kryształ.
kritik' critiquer | critick, criticise | kritisiren | критиковать | krytykować.
kriz' crise | crisis | Krisis | кризисъ | kryzys.

kroĉ' accrocher | hook to, cling to | anhaken, anklammern | цѣплять czepiać.
krokodil' crocodile | crocodile | Krokodill | крокодилъ | krokodyl.
krom hors, hormis, excepté | without, except | ausser | кромѣ | oprócz.
kron' couronne | crown | Krone, Kranz | вѣнецъ, вѣнокъ | wieniec.
kronik' chronique | chronicle | Chronik | хроника | kronika.
krop' jabot, gosier | crop, craw | Kropf | зобъ | wole.
kroz' croiser | cruise | kreuzen (von Kriegsschiffen) | крейсировать | krzyżować.
kruc' croix | cross | Kreuz | крестъ | krzyż.
    kruc'um' crucifier | crucify | kreuzigen | распинать на крестѣ | ukrzyżować.
kruĉ' cruche | jug | Krug | кувшинъ | dzban.
krud' cru, rude | raw, crude, rough | roh, rauh | сырой, суровый | surowy.
kruel' cruel | cruel | grausam | жестокій | okrutny.
krup' croup | croup | Croup | крупъ | krup.
krur' cuisse, jambe | thigh, shank | Unterschenkel | голень | goleń.
krust' croute | crust | Kruste | струпъ | strup.
krut' roide, escarpé | steep | steil | крутой | stromy.
kub' cube | cube | Kubus | кубъ | sześcian.
kubut' coude | elbow | Ellbogen | локоть | łokieć.
kudr' coudre | sew | nähen | шить | szyć.
kuf' coiffe, huppe | cap, tuft | Haube, Kappe | чепецъ | czepek.
kugl' balle (de fusil) | bullet | Kugel (Schiess-) | пуля | kula.
kuir' faire cuire | cook | kochen | варить | gotować.
kuk' gâteau | cookey | Kuchen | пирогъ | pierożek.
kukol' coucou | cuckoo | Kuckuck | кукушка | kukułka.
kukum' concombre | cucumber | Gurke | огурецъ | ogórek.
kukurb' citrouille, calebasse | gourd, pumpion | Kürbis | тыква | tykwa.
kul' cousin, moucheron | gnat | Mücke | комаръ | komar.
kuler' cuillère | spoon | Löffel | ложка | łyżka.
kulp' coupable | fault, blame | schuldig | виноватый | winny.
kun avec | with | mit | съ | z.
    kun'e ensemble, conjointement | together | zusammen | вмѣстѣ | razem, wraz.
kunikl' lapin | rabbit | Kaninchen | кроликъ | królik.
kup' ventouse | cupping-glass | Schröpfkopf | банка (медиц.) | bańka.
kupol' coupole, dôme | cupola, dome | Kuppel | куполъ | kopuła.
kupr' cuivre | copper | Kupfer | мѣдь | miedź.
    flav'a kupr'o laiton | latten | Messing | латунь | mosiądz.
kur' courir | run | laufen | бѣгать | biegać, leciéć.

kurac' traiter (une maladie) | cure, heal | kuriren, heilen | лѣчить, | leczyć.
   kurac'il' médecine.| medicine | Arznei | лѣкарство | lekarstwo.
kuraĝ' courageux, hardi | courage | kühn, dreist | смѣлый | śmialy.
kurator' curateur | curator | Curator | попечитель | kurator, opiekun.
kurb' courbe, tortueux | curve | krumm | кривой | krzywy.
kurier' courrier | courier | Courier | курьеръ, вѣстникъ | kuryer.
kurten' rideau | curtain | Vorhang | занавѣсъ | kurtyna, firanka.
   flank'kurten' courtine | courtain | Gardine | гардины | firanki.
   rul'kurten' rouleau | window-shade | Rouleau | шторы | roleta.
kusen' coussin | cushion | Kissen | подушка | poduszka.
   kusen'eg' lit de plumes | bolster | Pfühl | перина | pierzyna.
kuŝ' être couché | lie (down) | liegen | лежать | leżeć.
   sub'kuŝ' succomber | succumb | unterliegen | подлегать, подлежать | podlegać.
kutim' s'habituer | custom | sich gewöhnen | привыкать | przyzwyczajać się.
kuv' baignoire, cuve | coop, tub | Wanne | ванна | wanna.
kuz' cousin | cousin | Vetter, Cousin | двоюродный братъ | kuzyn.
kvankam quoique | although | obgleich | хотя | chociaż.
kvant' quantité | quantity | Quantität | количество | ilość.
kvar quatre | four | vier | четыре | cztery.
kvaranten' quarantaine | quarantine | Quarantaine | карантинъ | kwarantanna.
kvarc' quartz | quartz | Quarz | кварцъ | kwarc.
kvart' quarte | quart | Quart | кварта | kwarta.
kvartal' quartier | quarter | Quartal | кварталъ | kwartal.
kvazaŭ comme si | as if | gleichsam, als ob | будто бы | jakoby.
kverk' chêne | oak | Eiche | дубъ | dąb.
kviet' mou, doux, quiet | quiet, calm | sanft | кроткій | łagodny.
kvin cinq | five | fünf | пять | pięć.
kvit' quitte | quit | quitt | квитъ, въ разсчетѣ | kwit.
kvitanc' quittancer | acquit | quittiren | квитировать, росписаться въ полученіи | pokwitować.

L

l', la article défini (le, la les) | the | der, die, das (bestimmter Artikel) | членъ опредѣленный (по русски не переводится) | przedimek określny (nie tłomaczy się).
labor' travailler | labor | arbeiten | работать | pracować.

per1abor' gagner par son travail | gain | verdienen, erarbeiten | зарабатывать | zarabiać.
pri1abor' labourer | elaborate, cultivate | bearbeiten | обработывать | obrabiać.
lac' las, fatigué | weary | müde | усталый | zmęczony.
lacert' lézard | lizard | Eidechse | ящерица | jaszczurka.
laĉ' lacs | lace | Schnur | шнуръ | sznur.
lad' tôle, fer-blanc | tinned iron | Blech | жесть | blacha.
laf' lave | lava | Lava | лава | lawa.
lag' lac | lake | See (der) | озеро | jezioro.
lag'et' étang | pond | Teich | прудъ | staw.
lak' vernis | varnish | Lack, Firniss | лакъ | pokost.
lake' laquais | lackey | Lackei, Bedienter | лакей | lokaj.
laks' flux du ventre | looseness | Durchfall | поносъ | rozwolnienie.
lakt' lait | milk | Milch | молоко | mleko.
lakt'um' laite | soft-roe, milt | Milch der Fische | молоки | mleczko (ryb).
lam' boiteux | lame | lahm | хромой | kulawy.
lam'baston' béquille | crutch | Krücke | костыль | kula (do chodzenia).
lamp' lampe | lamp | Lampe | лампа | lampa.
lampir' ver luisant | glow-worm | Leuchtkäfer | свѣтлякъ | świetlik.
lan' laine | wool | Wolle | шерсть | wełna.
land' pays | land, country | Land | страна | kraj.
lang' langue (organe) | tongue | Zunge | языкъ (органъ) | język (narząd).
lantern' lanterne | lantern | Laterne | фонарь | latarnia.
lanug' duvet, poils follets | down, fluff | Flaumfeder | пухъ | puch, puszek.
lard' lard | lard | Speck | сало | sadło.
larĝ' large | broad | breit | широкій | szeroki.
laŭ1arĝ' à travers | across, in width | quer | поперекъ | poprzek.
laring' larynx | larynx | Kehle | гортань | krtań.
larm' larme | tear (to shed a) | Thräne | слеза | łza.
larv' larve | chrysalis | Larve | личинка | poczwarka, liszka.
las' laisser, abandonner | leave, let alone | lassen | пускать, оставлять | puszczać, zostawiać.
last' dernier | last, latest | letzt | послѣдній | ostatni.
laŭ selon, d'après | according to | nach, gemäss | по, согласно | wedlug.
laŭb' tonnelle, berceau | arbor, summerhouse | Laube | бесѣдка | altanka.
laŭd' louer, vanter | praise | loben | хвалить | chwalić.
laŭr' laurier | laurel | Lorbeer | лавръ | wawrzyn, laur..
laŭt' haut (parler) | loud | laut, hörbar | громко | głośno.

lav' laver | wash | waschen | мыть | myć.
lavang' lavanche, avalanche | avalanche | Lawine | лавина | lawina.
lecion' leçon | lesson | Lektion | урокъ | lekcya.
led' cuir, peau (des bêtes) | leather | Leder | кожа | skóra.
leg' lire | read | lesen | читать | czytać.
legend' légende | legend | Sage | легенда | legenda.
legi' légion | legion | Legion | легіонъ | legjon.
legom' légume | legume | Gemüse | овощь | jarzyna, warzywo.
leĝ' loi | law | Gesetz | законъ | prawo.
lek' lécher | lick | lecken | лизать | lizać.
lekant' paquerette | daisy | Gänseblume | маргаритка | złocień pospolity.
leksikon' lexicon | lexicon | Lexicon | лексиконъ | słownik.
lent' lentille | lentil | Linse | чечевица | soczewka.
lentug' lentille, rousseur | freckle | Sommersprosse | веснушка | pieg.
leon' lion | lion | Löwe | левъ | lew.
leontod' dent de lion | dandelion | Hundeblume | одуванчикъ | kaczyniec.
leopard' léopard | leopard | Leopard | леопардъ | lampart.
lepor' lièvre | hare | Hase | заяцъ | zając.
lepr' lèpre | leprosy | Aussatz | проказа | trąd.
lern' apprendre | learn | lernen | учиться | uczyć się.
   lern'ej' école | school | Schule | школа | szkoła, uczelnia.
lert' adroit, habile, agile | skilful | geschickt, gewandt, geläufig | ловкій | zręczny.
lesiv' lessive | lie, buck | Lauge | щелокъ | ług.
leter' lettre, épître | letter | Brief | письмо | list.
leŭtenant' lieutenant | lieutenant | Lieutenant | поручикъ | porucznik, lejtnant.
lev' lever | lift, raise | aufheben | поднимать | podnosić.
   lev'il' levier | leaver, lever | Hebel | рычагъ | dźwignia.
levkoj' giroflée | stock-gillyflower | Levkoje | левкой | lewkonja.
li il, lui | he | er | онъ | on.
   li'a son, sa | his | sein | ero | jego.
lian' liane, liène | liana | Liane | ліана | ljana.
libel' demoiselle (ins.) | dragon fly | Libelle | стрекоза | konik polny.
liber' libre | free | frei | свободный | wolny.
libr' livre | book | Buch | книга | księga, książka.
   libr'o'ten'ant'o teneur de livres | bookkeeper | Buchhalter | бухгалтеръ | buchalter.
lien' rate | spleen | Milz | селезенка | śledziona.
lig' lier | bind, tie | binden | связывать | wiązać.
lign' bois | wood (the substance) | Holz | дрова | drzewo, drwa.
liken' dartre, lichen | tetter | Flechte | лишай | liszaj.

likvid' liquider | liquidate | abrechnen, liquidirén | ликвидировать | likwidować.
likvor' liqueur | liquor | Liqueur | ликеръ | likier.
lili' lis | lily | Lilie | лилія | lilja.
lim' limite, borne | limit | Grenze | граница | granica.
    lim'ig' restreindre | limit | beschränken | ограничивать | ograniczać.
limak' limaçon, escargot | snail | Schnecke | улитка | ślimak.
limonad' limonade | lemonade | Limonade | лимонадъ | lemoniada.
lin' lin | flax | Flachs | ленъ | len.
lingv' langue, langage | language | Sprache | языкъ (рѣчь) | język (mowa).
lini' ligne | line, file | Linie, Zeile, Reihe | линія, строка | wiersz.
link' lynx, loup-cervier | lynx | Luchs | рысь (животное) | ryś.
lip' lèvre | lip | Lippe | губа | warga.
    lip'har'o'j moustache | mustache | Schnurrbart | усы | wąsy.
lir' lyre | lyre | Leier, Lyra | лира | lira.
lit' lit | bed | Bett | кровать | łóżko.
litani' litanies | litany | Litanei | литанія | litanja.
liter' lettre (de l'alphabet) | letter | Buchstabe | буква | litera.
liut' luth | lute | Laute | лютня | lutnia.
liver' livrer, fournir | deliver, furnish | liefern | доставлять | dostawiać.
livre' livrée | livery | Livrée | ливрея | liberya.
lod' demi-once | half an ounce | Loth | лотъ | łut.
log' attirer, allécher | entice | locken, anlocken | манить | manić, tumanić.
    de'log' séduire | seduce | verführen | обольщать | zwodzić, uwieźć.
loĝ' habiter, loger | lodge | wohnen | жить, квартировать | mieszkać.
loĝi' loge | cabin, lodge | Loge | ложа | loża.
lojt' lotte | eel-pout, lote | Aalraupe | налимъ | miętus.
lok' place, lieu | place | Ort | мѣсто | miejsce.
lokomotiv' locomotive | locomotive | Lokomotive | локомотивъ | lokomotywa.
lol' ivraie | lure, cockleweed | Lolch | плевелъ | kąkol.
long' long | long | lang | долгій, длинный | długi.
    laŭ'long' le long | along | entlang, der Länge nach | вдоль | wdłuż.
lonicer' chèvrefeuille | honey-suckle | Geissblatt | жимолость | wiciokrzew.
lorn' lorgnette | perspective-glass | Fernglas | лорнетъ | lorneta.
lot' tirer au sort | cast lots | loosen | бросать жребій | losować.
    lot'um' lotir | allot | verloosen | разыгривать | rozegrać.
lu' louer (location) | rent | miethen | брать въ наемъ | wynajmować,

lud' jouer | play | spielen | играть | bawić się, grać.
luks' luxe | luxe | Luxus | роскошь | komfort, przepych.
lul' bercer | lull asleep, rock | wiegen | качать, баюкать | kołysać.
   lul'il' berceau | cradle | Wiege | колыбель | kołyska.
lum' luire, lumière | light | leuchten | свѣтить | świecić.
   mal'lum'a sombre, obscur | dark | dunkel | темный | ciemny.
   lum'tur' phare | light-house | Leuchtthurm | маякъ | latarnia morska.
lumb' | lombes | loins, haunch | Lende | поясница | lędźwie.
lun' lune | moon | Mond | луна | księżyć.
lunatik' lunatique | lunatic | Mondsüchtiger | лунатикъ | lunatyk.
lund' lundi | Monday | Montag | понедѣльникъ | poniedziałek.
lup' loup | wolf | Wolf | волкъ | wilk.
lupol' houblon | hops | Hopfen | хмѣль | chmiel.
lustr' lustre | lustre, chandelier | Kronleuchter | люстра | pająk, świecznik.
lut' souder | solder | kitten, löten | паять | lutować.
lutr' loutre | common otter | Fischotter | выдра | wydra.

M

mac' azyme | unleavened bread | ungesäuertes Brot | опрѣснокъ | praśny chleb.
mač' màcher | chew | kauen | жевать | żuć.
magazen' magasin | store | Kaufladen | лавка, магазинъ | sklep, magazyn.
magi' magie | magic, black art | Magie | магія | magie.
magnet' aimant | magnet | Magnet | магнитъ | magnes.
maiz' maïs | maize | Mais | маисъ | kukurydza.
Maj' Mai | May | Mai | Май | Maj.
majest' majestueux | majesty | erhaben | величественный | majestatyczny, wzniosły.
majstr' maître (dans sa partie) | foreman | Meister | мастеръ | majster.
   sub'majstr' garçon de métier | journey-man | Handwerksgesell | подмастерье | podmajstrzy, czeladnik.
makler' faire le courtier | play the broker | Mäkler sein | посредничать | pośredniczyć.
makul' tache | stain | Fleck | пятно | plama.
makzel' màchoire | jaw-bone, cheek-bone | Kinnlade | челюсть | szczęka.
mal' marque les contraires: ex. bon' bon — mal'bon' mauvais; estim' estimer — mal'estim' mépriser | denotes opposites; e.

g. alt' high — mal'alt' low | bezeichnet einen geraden Gegensatz; z. B. bon' gut — mal'bon' schlecht; estim' schätzen — mal'estim' verachten | прямо противоположно; напр. bon' хорошій — mal'bon' дурной; estim' уважать — mal'estim' презирать | oznacza przeciwieństwo; np. bon' dobry — mal'bon' zły; estim' poważać — mal'estim' gardzić.

maleol' cheville | ankle | Knöchel | лодыжка | kłykieć.
malgraŭ malgré, en dépit de | in spite of | ungeachtet, obgleich | не смотря на | pomimo.
malic' malicieux | malicious | tückisch | коварный | chytry.
mam' mamelle | breast | Brust, Euter | грудь, вымя | pierś, sutka.
man' main | hand | Hand | рука | ręka.
    man'plat' paume | palm | Handfläche | ладонь | dłoń.
    man'um' manchette | ruffle | Manschette | манжета | mankiet.
mana' manne | manna | Manna | манна | manna.
mangan' manganèse | manganese | Mangan | марганецъ | brunatnik.
manĝ' manger | eat | essen | ѣсть | jeść.
    maten'manĝ' déjeuner | breakfast | frühstücken | завтракать | śniadać.
    tag'manĝ' dîner | dine | zu Mittag essen | обѣдать | obiadować.
    vesper'manĝ' souper | sup | zu Abend essen | ужинать | jeść kolacyę, wieczerzać.
manier' manière, façon | manner | Manier, Weise, Art | способъ, образъ | sposób, maniera.
manik' manche | sleeve | Aermel | рукавъ | rękaw.
mank' manquer | want | fehlen | недоставать | brakować.
manovr' manœuvrer | work a ship, take measures | manövriren | маневрировать | manewrować.
mantel' manteau | mantle | Mantel | плащъ | płaszcz.
mar' mer | sea | Meer | море | morze.
marĉ' marais | swamp, marsh | Sumpf | болото | błoto.
marĉand' marchander | bargain, trade | dingen, feilschen | торговаться | targować się.
marcipan' massepain | marchpane | Marzipan | марципанъ | marcepan.
mard' mardi | Tuesday | Dienstag | вторникъ | wtorek.
mark' marque | mark | Marke, Briefmarke | марка | marka.
markot' marcotte | layer | Ableger | отпрыскъ | latorośl.
marmot' marmotte | marmot | Murmelthier | сурокъ | świszcz.
marmor' marbre | marble | Marmor | мраморъ | marmur.
maroken' marroquin | marroquin | Saffian | сафьянъ | safian.
marŝ' marcher | march, walk | marschiren | маршировать | maszerować.
marŝal' maréchal | marshal | Marschall | маршалъ | marszałek.

Mart' Mars | March | März | Мартъ | Marzec.
martel' marteau | hammer | Hammer | молотъ | młot.
mas' masse | mass | Masse | масса | massa.
maŝ' nœud coulant, maille | mesh | Schlinge, Masche | петля | pętlica.
maŝin' machine | machine | Maschine | машина | maszyna.
masiv' massif | massive | massiv | массивный | masywny.
mask' masque | mask | Maske | маска | maska.
mason' maçonner | build with stone | mauern | класть стѣны (каменная работа) | murować.
mast' mât | mast | Mast, Mastbaum | мачта | maszt.
mastik' mastic | mastick | Mastik | мастика | mastyka.
mastr' hôte, maître de maison | master | Wirth | хозяинь | gospodarz.
    mastr'um' faire le ménage | keep house, husband | wirthschaften | хозяйничать | gospodarzyć.
mat' natte | mat | Matte | рогожа | rogóżka.
maten' matin | morning | Morgen | утро | poranek.
matrac' matelas | mattress | Matratze | тюфякъ | materac.
matur' mûr | ripe | reif | зрѣлый | dojrzały.
mebl' meuble | furniture | Möbel | мебель | mebel.
meĉ' mèche | wick | Docht | фитиль | knot.
    meĉ'aĵ' amadou | amadou, match | Feuerschwamm | трутъ | hubka.
medal' médaille | medal | Denkmünze | медаль | medal.
medalion' médaillon | medallion | Medaillon | медаліонъ | medalion.
medit' réfléchir, méditer | reflect, meditate | nachdenken | размышлять | medytować, rozmyślać.
meĥanik' mécanique | mechanics | Mechanik | механика | mechanika.
mejl' mille (mesure itinéraire) | mile | Meile | миля | mila.
mel' blaireau | badger | Dachs | барсукъ | borsuk.
meleagr' dindon | turkey | Truthahn | индюкъ | indyk.
melk' traire | milk (vb.) | melken | доить | doić.
melon' melon | melon | Melone | дыня | melon.
    akv'o'melon' melon d'eau | water-melon | Wassermelone | арбузъ | arbuz.
mem même (moi-, toi-, etc.) | self | selbst | самъ | sam.
membr' membre | member | Glied | членъ | członek.
membran' membrane | membrane | Häutchen, Membrane | перепонка | błona, błonka.
memor' se souvenir, se rappeler | memory | sich erinnern, im Gedächtniss behalten | помнить | pamiętać.
mem'star' indépendant | self-subsistent | selbstständig | самостоятельный | samodzielny.

mend' mander, commettre | commit | bestellen | заказывать | stalować.
mensog' mentir | tell a lie | lügen | врать | kłamać.
ment' menthe | mint | Münze (Botan.) | мята | mięta.
menton' menton | chin | Kinn | подбородокъ | podbródek.
merit' mériter | merit | verdienen | заслуживать | zasługiwać.
meriz' merise | bird-cherry | Vogelkirsche | черешня | czereśnia.
merkred' mercredi | Wednesday | Mittwoch | среда | środa.
merl' merle | blackbird | Amsel | черный дроздъ | kos.
mes' messe | mass | Messe, Gottesdienst | обѣдня, богослуженіе | msza.
Mesi' Messie | Messiah | Messias | Мессія | Messyasz.
met' mettre, placer, poser | put, place | hinthun; kann durch verschiedene Zeitwörter übersetzt werden | дѣть; можетъ быть переведено различными глаголами | podziać; może być oddane za pomocą rozmaitych czasowników.
   el'met' exposer | expose | ausstellen | выставлять | wystawiać.
meti' métier | handicraft | Handwerk | ремесло | rzemiosło.
mev' mouette | sea-gull | Möwe | чайка | czajka.
mez' milieu | middle | Mitte | средина | środek.
   tag'mez' midi | mid-day | Mittag | полдень | południe.
mez'o'nombr' nombre moyen | average | durchschnittlich | среднимъ числомъ | przeciętciowo.
mezur' mesurer | measure | messen | мѣрить | mierzyć.
   al'mezur' essayer, ajuster | adapt | anpassen | примѣривать | przymierzać.
mi je, moi | I | ich | я | ja.
   mi'a mon, ma | my, mine | mein | мой | mój.
miel' miel | honey | Honig | медъ | miód.
mien' mine, air | mien, air | Miene | мина (выраженіе лица) | mina.
migdal' amande | almond | Mandel | миндаль | migdał.
migr' voyager, courir le monde | migrate | wandern | странствовать | wędrować.
miks' mêler | mix | mischen | смѣшивать | mieszać.
mil' mille (nombre) | thousand | tausend | тысяча | tysiąc.
mili' mil, millet | millet | Hirse | просо | proso.
milit' guerroyer | fight | Krieg führen | воевать | wojować.
   al'milit' conquérir | conquer | erobern | завоевывать | zawojować.
min' mine, minière | mine | Mine | мина (пороховая) | mina.
minac' menacer | menace, threat | drohen | грозить | grozić.
minut' minute | minute | Minute | минута | minuta.
miogal' rat musqué | musk-rat | Bisamspitzmaus | выхухоль | piżmoszczur.

miop' myope | short-sight | kurzsichtig | близорукій | krótkowzroczny.
miozot' myosotis | forget-me-not | Vergissmeinnicht | незабудка | niezapominajka.
mir' s'étonner, admirer | wonder | sich wundern | удивляться | dziwić się.
mirh' mirrhe | myrrh | Myrrhe | миppa | myrra.
mirt' myrte | myrtle | Myrthe | мирта | myrta.
mirtel' airelle, myrtille | bilberry | Heidelbeere | черника | czarna jagoda.
misi' mission | mission | Mission | миссія | misya.
mister' mystère | mystery | Mysterium | таинство | misterya.
   mister'a mystérieux | mysterious | geheimnissvoll | таинственный | tajemniczy.
mizer' misère | distress, misery | Noth | нужда | nędza.
mod' mode | mode | Mode, Modus (gramm.) | мода, наклоненіе | moda, tryb.
model' modèle, spécimen | model | Muster | образецъ | model.
moder' modéré | moderate | mässig | умѣренный | umiarkowany.
modest' modeste | modest | bescheiden | скромный | skromny.
mok' se moquer | mock | spotten | насмѣхаться | szydzić.
mol' mou | soft | weich | мягкій | miękki.
mol'anas' canard à duvet | eider-duck | Eiderente | rara | miękopiór.
moment' moment | moment | Augenblick | мгновеніе | chwila, moment.
mon' argent (monnaie) | money | Geld | деньги | pieniądze.
monaĥ' moine | monk, friar | Mönch | монахъ | zakonnik.
monarĥ' monarque | monarch | Monarch | монархъ | monarcha.
monat' mois | month | Monat | мѣсяцъ | miesiąc.
mond' monde, univers | world | Welt | міръ, свѣтъ | świat.
moned' choucas | jack-daw, chough | Dohle | галка | kawka.
monstr' monstre | monster | Ungeheuer | чудовище | potwór, monstrum.
mont' montagne | mountain | Berg | гора | góra.
montr' montrer | show | zeigen | показывать | pokazywać.
monument' monument | monument | Denkmal | памятникъ | pomnik.
mops' mopse | pug-dog | Mops | мопсъ | mops.
mor' mœurs | habit | Sitte | правъ, обычай | zwyczaj, obyczaj.
morbil' rougeole | measles | Masern | корь | odra.
mord' mordre | bite | beissen | кусать | kąsać.
   mord'et' ronger | gnaw | nagen | грызть | gryźć.
morgaŭ demain | to-morrow | morgen | завтра | jutro.
mort' mourir | die | sterben | умирать | umierać.

morter' mortier | mortar | Mörtel | замазка | zaprawa (wapienna).
morus' mûre | mulberry | Maulbeere | тутовая ягода | morwa.
most' moût | must | Most | виноградный морсъ | moszcz.
moŝt' titre commun; ex. **vi'a reĝ'a moŝt'o** votre majesté, **vi'a general'a moŝt'o** monsieur le général, **vi'a episkop'a moŝt'o** etc. | universal title; e. g. **vi'a reĝ'a moŝt'o** your majesty; **vi'a moŝt'o** your honor | allgemeiner Titel; z. B. **vi'a reĝ'a moŝt'o** Eure Majestät, **vi'a general'a moŝt'o** etc. | общій титулъ; напр. **vi'a reĝ'a moŝt'o** Ваше Величество; **vi'a general'a moŝt'o** и т. п. | Mość.
mov' mouvoir | move | bewegen | двигать | ruszać.
muel' moudre | mill | mahlen | молоть | mleć.
muf' manchon | muff | Muff | муфта | mufka.
muĝ' mugir | rush | brausen, zischen | шипѣть | burzyć się, wrzeć.
muk' pituite, glaire | slime | Schleim | слизь | śluz.
mul' mulet | mule | Maulesel | мулъ | muł.
mult' beaucoup, nombreux | much, many | viel | много | wiele.
mur' mur | wall | Wand | стѣна | ściana.
murmur' murmurer, grommeler | murmur | murren, brummen | ворчать | mruczeć.
mus' souris | mouse | Maus | мышь | mysz.
muŝ' mouche | fly (a) | Fliege | муха | mucha.
musk' mousse (la) | moss | Moos | мохъ | mech.
muskat' muscade | nutmeg | Muskatnuss | мушкатный орѣхъ | orzech muszkatałowy.
muskol' muscle | muscle | Muskel | мускулъ | mięsień, muskuł.
muslin' mousseline | muslin | Nesseltuch | кисея | muślin.
mustard' moutarde | mustard | Senf | горчица | musztarda.
mustel' martre | marten | Marder | куница | kuna.
mut' muet | dumb | stumm | нѣмой | niemy.

N

n marque l'accusatif ou complément direct et le lieu où l'on va | ending of the objective, also marks direction | bezeichnet den Accusativ, auch die Richtung | означаетъ винительный падежъ, также направленіе | oznacza biernik, również kierunek.
naci' nation | nation | Nation | нація, народъ | naród, nacya.
naĝ' nager | swim | schwimmen | плавать | pływać.
najbar' voisin | neighbour | Nachbar | сосѣдъ | sąsiad.
najl' clou | nail | Nagel | гвоздь | gwóźdź.
najtingal' rossignol | nightingale | Nachtigall | соловей | słowik.
nanken' nankin | nankeen, nankin | Nanking | нанка | nankin.

nap chou-navet | cabbage | Kohlrübe | брюква | brukiew.
narcis' narcisse | daffodil | Narcisse | нарцисъ | narcyz.
nask' enfanter, faire naître | bear, produce | gebären | рождать | rodzić.
    nask'iĝ' naître, provenir | be born | entstehen | возникать | rodzić się.
    du'nask'it' jumeau | twin | Zwilling | близнецъ | bliźnię.
natur' nature | nature | Natur | природа | natura.
naŭ neuf (9) | nine | neun | девять | dziewięć.
naŭz' dégoûter | nauseate | Uebelkeit erregen | тошнить | mdlić.
naz' nez | nose | Nase | носъ | nos.
    naz'um' pince-nez | pince-nez | Pince-nez, Nasenklemmer | пенсне | binokle.
ne non, ne, ne... pas | no, not | nicht, nein | не, нѣтъ | nie.
nebul' brouillard | fog | Nebel | туманъ | mgła.
neces' nécessaire | necessary | nöthig, nothwendig | необходимiй | niezbędny.
    neces'ej' cabinet d'aisance | privy | Abtritt | отхожее мѣсто | ustęp.
    neces'uj' nécessaire | sewing-desk | Necessär | несесеръ | neseserka.
neĝ' neige | snow | Schnee | снѣгъ | śnieg.
negliĝ' négligé | negligee | Negligé | неглиже | negliż.
negoc' affaire | business | Geschäft | дѣло, занятiе | interes, zajęcie
nek—nek ni—ni | neither—nor | weder—noch | ни—ни | ani—ani
nenia aucun | no kind of | kein | никакой | żaden.
neniam ne... jamais | never | niemals | никогда | nigdy.
nenie nulle part | nowhere | nirgends | нигдѣ | nigdzie.
neniel nullement, en aucune façon | nohow | keineswegs, auf keine Weise | никакъ | w żaden sposób.
nenies de personne, à personne | no one's | keinem gehörig | ничей | niczyj.
nenio rien | nothing | nichts | ничто | nic.
neniu personne | nobody | Niemand | никто | nikt.
nep' petit-fils | grandson | Enkel | внукъ | wnuk.
nepr' tout à fait | throughout | durchaus | непремѣнно | koniecznie.
nest' nid | nest | Nest, Lager | гнѣздо, притонъ | gniazdo.
net' net | net | in's Reine | начисто | na czysto.
    mal'net' brouillon | foul copy | Brouillon | начерно | na brudno.
nev' neveu | nephew | Neffe | племянникъ | siostrzeniec, bratanek.
ni nous | we | wir | мы | my.
    ni'a notre | our | unser | нашъ | nasz.
niĉ' niche | niche | Nische | ниша | nisza.
nigr' noir | black | schwarz | черный | czarny.
nivel' niveau | water-level, plumb | Niveau | уровень | poziom.

nj' après les 1-5 premières lettres d'un prénom féminin lui donne un caractère diminutif et caressant; ex. **Mari'** — **Ma'nj'**; **Emili'** — **Emi'nj'** | diminutive of female names; e. g. **Henriet'** Henrietta — **Henri'nj'**, **He'nj'** Hetty | den ersten 1—5 Buchstaben eines weiblichen Eigennamens beigefügt, verwandelt diesen in ein Liebkosungswort; z. B. **Mari'** — **Ma'nj'**; **Emili'** **Emi'nj'** | приставленное къ первымъ 1—5 буквамъ имени собтв. женскаго пола, превращаетъ его въ ласкательное; напр. **Mari'** — **Ma'nj'**; **Emili'** — **Emi'nj'** | dodane do pierwszych 1—5 liter imienia własnego rodzaju żeńskiego zmienia takowe w pieszczotliwe; np. **Mari'** — **Ma'nj'**; **Emili'** — **Emi'nj'**.

nobel' noble (subst.), gentilhomme | nobleman | Adeliger, Edelmann | дворянинъ | szlachcic.

nobl' noble (adj) | noble | edel | благородный | szlachetny.

nokt' nuit | night | Nacht | ночь | noc.

nom' nom | name | Name | имя | imię.
  nom'i nommer, appeler | name, nominate | nennen | называть | nazywać.
  nom'e c'est-à-dire, savoir | namely, viz | nämlich | именно | mianowicie.

nombr' nombre | number | Zahl | число | liczba, ilość.
  unu'nombr' singulier | singular | Einzahl, Singular | единственное число | liczba pojedyńcza.

nominativ' nominatif | nominative | Nominativ | именительный падежъ | mianownik.

nord' nord | north | Norden | съверъ | północ.

not' noter | note | notiren | записывать, отмѣчать | notować.
  not'o (**muzik'a**) note (de musique) | note (mus.) | Note (Mus.) | нота | nuta.

notari' notaire | notary | Notar | нотаріусъ | notaryusz, rejent.

nov' nouveau | new | neu | новый | nowy.

Novembr' Novembre | November | November | Ноябрь | Listopad.

novic' novice | novice | Noviz | послушникъ | nowicyusz.

nu! ch bien! | well! | nu! nun! | ну! | no!

nuanc' nuance | nuance | Schattirung, Abstufung | оттѣнокъ | odcień.

nub' nuage, nuée | cloud | Wolke | облако | obłok, chmura.

nud' nu | naked | nackt | нагой | nagi.

nuk' nuque | neck | Genick | затылокъ | kark.

nuks' noix | nut | Nuss | орѣхъ | orzech.

nul' zéro | null | Null | нуль | nul, zero.

numer' numéro | number (of a magazine, etc.) | Nummer | номеръ | numer.

nun maintenant | now | jetzt | теперь | teraz, obecnie.

nur seulement, ne... que | only (adv.) | nur | только | tylko.
nutr' nourrir | nourish | nähren | питать, кормить | karmić.

O

o marque le substantif | ending of nouns (substantive) | bezeichnet das Substantiv | означаетъ существительное | oznacza rzeczownik.
obe' obéir | obey | gehorchen | повиноваться | być posłusznym.
objekt' objet | object | Gegenstand | предметъ | przedmiot.
obl' marque l'adjectif numéral multiplicatif; ex. du deux — **du'obl'** double | ...fold; e. g. du two — **du'obl'** twofold, duplex | bezeichnet das Vervielfachungszahlwort; z. B. du zwei — **du'obl'** zweifach | означаетъ числительное множительное; напр. du два — **du'obl'** двойной | oznacza liczebnik wieloraki; np. du dwa — **du'obl'** podwójny.
oblat' pain à cacheter | wafer | Oblate | облатка | opłatek.
observ' observer | observe | beobachten, beaufsichtigen | наблюдать | obserwować.
obstin' entêté, obstiné | obstinate | eigensinnig | упрямый | uparty.
obstruko' obstruction | obstruction | Verstopfung | запоръ | obstrukcya, zatwardzenie.
odor' sentir, avoir une odeur | odour | riechen, duften | пахнуть | pachnąć.
ofend' offenser | offend | beleidigen | обижать | obrażać, krzywdzić.
ofer' sacrifier | offer | opfern | жертвовать | ofiarować.
ofic' office, emploi | office | Amt | должность | urząd.
   ofic'ist' fonctionnaire | officer | Beamter | чиновникъ | urzędnik.
   ofic'ej' bureau | bureau | Bureau | бюро, канцелярія | biuro, kancelarya.
oficir' officier | officer | Offizier | офицеръ | oficer.
oft' souvent | often | oft | часто | często.
ok huit | eight | acht | восемь | ośm.
okaz' avoir lieu, arriver | happen | vorfallen | случаться | zdarzać się.
   okaz'o occasion | occasion | Ereigniss, Gelegenheit | случай | wypadek, zdarzenie.
   okaz'a accidentel | accidental | zufällig | случайный | przypadkowy.
okcident' ouest | west | West, Westen | западъ | zachód.
oksigen' oxygène | oxygen | Sauerstoff | кислородъ | tlen.
oksikok' canneberge | moss-berry | Moosbeere | клюква | żurawina.

Oktobr' Octobre | October | Oktober | Октябрь | Październik.
okzal' oseille | sorrel | Ampfer | щавель | szczaw.
okul' œil | eye | Auge | глазъ | oko.
    okul'har' cils | eye-lash | Wimper | рѣсница | rzęsa.
    okul'vitr' lunettes | spectacles | Brille | очки | okulary.
okup' occuper | occupy | einnehmen, beschäftigen | занимать | zajmować.
ol que (dans une comparaison) | than | als | чѣмъ | niż.
ole' huile | oil | Oel | масло (деревянное) | olej.
oliv' olive | olive | Olive | маслина | oliwa.
omar' homard | lobster | Hummer | морской ракъ | homar.
ombr' ombre | shadow | Schatten | тѣнь | cień.
ombrel' parapluie, ombrelle | umbrella | Schirm | зонтикъ | parasol.
on' marque les nombres fractionnaires; ex. **kvar** quatre — **kvar'on'** le quart | marks fractions; e. g. **kvar** four — **kvar'on'** a fourth, quarter | Bruchzahlwort; z. B. **kvar** vier — **kvar'on'** Viertel | означаетъ числительное дробное; напр. **kvar** четыре — **kvar'on'** четверть | oznacza liczebnik ułamkowy; np. **kvar** cztery — **kvar'on'** czwarta część, ćwierć.
ond' onde, vague | wave | Welle | волна | fala.
oni on | one, people, they | man | безличное мѣстоименіе множ. числа | zaimek nieosobisty liczby mnogiej.
onkl' oncle | uncle | Onkel | дядя | wuj, stryj.
ont' marque le participe futur d'un verbe actif | ending of fut. part. act. in verbs | bezeichnet das Participium fut. act. | означаетъ причастіе будущаго времени дѣйствительнаго залога | oznacza imiesłów czynny czasu przyszłego.
op marque l'adjectif numéral collectif; ex. **du** deux — **du'op'** à deux | marks collective numerals; e. g. **tri** three — **tri'op'** three together | Sammelzahlwort; z, B. **du** zwei — **du'op'** selbander, zwei zusammen | означаетъ числительное собирательное; напр. **du** два — **du'op'** вдвоемъ | oznacza liczebnik zbiorowy; np. **du** dwa — **du'op'** we dwoje.
opal' opale | opal | Opal | опалъ | opal.
opini' penser, croire | mean | meinen | имѣть мнѣніе | sądzić, opiniować.
oportun' commode, ce qui est à propos | opportune, suitable | bequem | удобный | wygodny.
or' or (métal) | gold | Gold | золото | złoto.
orakol' oracle | oracle | Orakel | оракулъ | wyrocznia.
oranĝ' orange | orange | Apfelsine | апельсинъ | pomarańcza.
ord' ordre (arrangement) | order, arrange | Ordnung | порядокъ | porządek.
orden' ordre | order | Orden | орденъ | order.

ordinar' ordinaire | ordinary | gewöhnlich | обыкновенный | zwyczajny.
ordon' ordonner | order, command | befehlen | приказывать | rozkazywać.
orel' oreille | ear | Ohr | ухо | ucho.
orf' orphelin | orphan | Waise | сирота | sierota.
orgen' orgue | organ | Orgel | органъ | organ.
orient' est | east | Osten | востокъ | wschód.
ornam' orner | ornament | putzen | наряжать | zdobić.
os marque le futur | ending of future tense in verbs | bezeichnet das Futur | означаетъ будущее время | oznacza czas przyszły.
osced' bàiller | yawn | gähnen | зѣвать | ziewać.
ost' os | bone | Knochen | кость | kość.
ostr' huître | oyster | Auster | устрица | ostryga.
ot' marque le participe futur d'un verbe passif | ending of fut. part. pass. in verbs | bezeichnet das Participium fut. pass. | означаетъ причастіе будущаго времени страдательнаго залога | oznacza imiesłów bierny czasu przyszłego.
ov' œuf | egg | Ei | яйцо | jajko.
   ov'uj' ovaire | ovary | Eierstock | яичникъ | jajnik.
   ov'blank' blanc d'œuf, aubin | white of an egg | Eiweiss | бѣлокъ | białko.
oval' ovale | oval | oval | овальный | owalny.

P

pac' paix | peace | Friede | миръ | pokój, spokój.
pacienc' patience | patience | Geduld | терпѣніе | cierpliwość.
paf' tirer, faire feu | shoot | schiessen | стрѣлять | strzelać.
   paf'il' fusil | gun | Flinte | ружье | strzelać.
   paf'il'eg' canon | cannon | Kanone | пушка | armata.
pag' payer | pay | zahlen | платить | płacić.
   de'pag' impôt | duty | Steuer, Abgabe, Zoll | подать, пошлина | podatek.
paĝ' page (d'un livre) | page | Seite (Buch-) | страница | stronica.
paĝi' page | page | Page | пажъ | paź.
pajl' paille | straw | Stroh | солома | słoma.
pak' empaqueter, emballer | pack, put ut | packen, einpacken | укладывать, упаковывать | pakować.
pal' pâle | pale | bleich, blass | блѣдный | blady.
palac' palais | palace | Schloss (Gebäude) | дворецъ | pałac.
palat' palais (de la bouche) | palate | Gaumen | нёбо | podniebienie.
paletr' palette | palette | Palette | палитра | paleta.

palis' pieu, échalas, palissade | pale, stake | Pfahl | тычина, колъ | pal.
palm' palmier | palm | Palme | пальма | palma.
palp' palper | touch, feel | tasten | щупать | macać.
palpebr' paupière | eyelid | Augenlied | вѣко | powieka.
    palpebr'um' cligner, clignoter | twinkle | blinzeln | моргать | mrugać.
pan' pain | bread | Brot | хлѣбъ | chleb.
pantalon' pantalon | pantaloon, trowsers | Hosen | брюки | spodnie.
panter' panthère | panther | Panther | пантера | pantera.
pantofl' pantoufle | pantofle | Pantoffel | туфель | pantofel.
pap' pape | pope | Papst | папа (Римскій) | papież.
papag' perroquet | parrot | Papagei | попугай | papuga.
papav' pavot | poppy | Mohn | макъ | mak.
paper' papier | paper | Papier | бумага | papier.
papili' papillon | butterfly | Schmetterling | бабочка | motyl.
par' paire | pair | Paar | пара | para.
parad' faire parade | make parade | prangen | парадировать | paradować.
paradiz' paradis | paradise | Paradies | рай | raj.
paraliz' paralyser | paralyse | paralysiren | парализовать | paralizować.
parazit' parasite | parasite | Schmarotzer | паразитъ | pasorzyt.
pardon' pardonner | forgive | verzeihen | прощать | przebaczać.
parenc' parent | relation | Verwandter | родственникъ | krewny.
parentez' parenthèse | parenthesis | Parenthese | скобка | nawias.
parfum' parfum | parfume | Parfüm | духи | perfuma.
parget' parquet | pit | Parquet | паркетъ | posadzka.
park' parc | park | Park | паркъ | park.
parker' par cœur (de mémoire) | by heart, thoroughly | auswendig | наизусть | na pamięć.
paroh' cure, paroisse | parish | Pfarre | приходъ (церковный) | parafia.
parol' parler | speak | sprechen | говорить | mówić.
    inter'parol' entretien | discourse | Gespräch, Unterhaltung | бесѣда | rozmowa.
    el'parol' prononcer | pronounce | aussprechen | произносить | wymówić.
part' partie, part | part | Theil | часть | część.
    part'o'pren' participer | participate | Theil nehmen | участвовать | przyjmować udział.
parter' parterre | ground-floor | Parterre | партеръ | parter.
parti' parti | party | Partei, Partie | партія | partya.
    parti'a partial | partial | parteiisch | пристрастный | stronny, stronniczy.

particip' participe | participle | Participium | причастіе | imiesłów.
paru' mésange | muskin | Meise | синица | sikora.
pas' passer | pass | vergehen | проходить | przechodzić.
paŝ' faire des pas, enjamber | stride, step | schreiten | шагать | kroczyć.
pasament' passement | lace | Borte, Tresse | позументъ | galon, ślaczek.
    pasament'ist' passementier | lace-maker | Posamentirer | позументщикъ | szmuklerz.
paser' passereau | sparrow | Sperling | воробей | wróbel.
pasi' passion | passion | Leidenschaft | страсть | namiętność.
Pask' Pâques, Pàque | Easter | Ostern | Пасха | Wielkanoc.
pasport' passe-port | pass-port | Reisepass | паспортъ | paszport.
past' pâte | paste | Teig | тѣсто | ciasto.
paŝt' paître | pasture, feed animals | weiden lassen | пасти | paść.
pasteĉ' pâté | pasty | Pastete | пастетъ | pasztet.
pastel' pastille | pastil | Pastille | лепешка | pastylka.
pastinak' panais | parsnip | Pastinake | пастернакъ | pasternak.
pastr' prêtre, pasteur | priest, pastor | Priester | жрецъ, священникъ | kapłan.
pat' poêle (à frire) | frying-pan | Pfanne | сковорода | patelnia.
patr' père | father | Vater | отецъ | ojciec.
    patr'uj' patrie | fatherland | Vaterland | отечество | ojczyzna.
patrol' patrouille | patrol | Patrouille | патруль | patrol.
paŭz' pause | pause | Pause | пауза | pauza.
pav' paon | peacock | Pfau | павлинъ | paw'.
pavim' pavé | pavement | Pflaster (Strassen-) | мостовая | bruk.
pec' morceau | piece | Stück | кусокъ | kawałek.
peĉ' poix | pitch | Pech | смола | smoła.
pedik' pou | louse | Laus | вошь | wesz.
peg' pic (oiseau) | wood-peck | Specht | дятелъ | dzięcioł.
pejzaĝ' paysage | landscape | Landschaft | пейзажъ | krajobraz, landszaft.
pek' pécher | sin | sündigen | грѣшить | grzeszyć.
pekl' saler | pickle | pökeln | солить | solić, peklować.
pel' chasser, renvoyer | pursue, chase out | jagen, treiben | гнать | gonić.
pelikan' pélican | pelican | Kropfgans | пеликанъ | pelikan.
pelt' pelisse | fur | Pelz | шуба | kożuch, futro.
pelv' bassin | basin, pelvis | Becken | тазъ | miednica.
pen' tâcher, s'efforcer de | endeavour | sich bemühen | стараться | starać się.
pend' pendre, être suspendu | hang | hängen (v. n.) | висѣть | wisieć.

de'pend' dépendre | hang from | abhängen | зависѣть | zależeć.
el'pend'aj' enseigne | ensign | Aushängeschild | вывѣска | szyld.
pendol' pendule, perpendicule | perpendicle | Pendel | маятникъ | wahadło.
penetr' pénétrer | penetrate | dringen | проникать | przenikać.
penik' pinceau, houppe | paintbrush | Pinsel, Quast | кисть | pędzel.
pens' penser | think | denken | думать | myśleć.
    el'pens' inventer | invent | erfinden | изобрѣтать | wymyśleć.
    pri'pens' considérer | consider | überlegen, nachdenken | обдумывать | obmyśleć.
pensi' pension | pension | Pension | пенсія, пенсіонъ | emerytura.
pent' se repentir | repent | bereuen, Busse thun | раскаиваться | żałować, pokutować.
Pentekost' Pentecôte | Pentecost, Whitsuntide | Pfingsten | Пятидесятница | Zielone świątki.
pentr' peindre | paint | malen | рисовать | rysować, malować.
pep' gazouiller | warble, purl | pipen | чирикать | piszczeć.
per par, au moyen, à l'aide de | through, by means of | mittelst, vermittelst, durch | посредствомъ | przez, za pomocą.
    per'a médiat | mediate | mittelbar | посредственный | pośredni.
    per'i moyenner | mediate, interpose | vermitteln | посредничать | pośredniczyć.
perĉ' perche goujonnière, grémille | perch (fish) | Kaulbars | ершъ | jaźdź.
perd' perdre | lose | verlieren | терять | gubić.
perdrik' perdrix | partridge | Rebhuhn, Feldhuhn | куропатка | kuropatwa.
pere' périr, se perdre | perish | umkommen | погибать | ginąć.
    pere'ig' ruiner, tuer | murder | umbringen | губить | gubić.
perfekt' parfait | perfect | vollkommen | совершенный | zupełny, doskonały.
perfid' trahir | betray | verrathen | измѣнять, предавать | zdradzić.
    perfid'a perfide | perfidious | verrätherisch | измѣнническій | zdradziecki.
pergamen' parchemin | parchment | Pergament | пергаментъ | pergamin.
peritone' péritoine | peritoneum | Darmfell | брюшина | otrzewna, błona brzuszna.
perk' perche | perch | Barsch, Bars | окунь | okuń.
perl' perle | pearl | Perl | жемчугъ | perła.
perlamot' nacre de perle | mother of pearl | Perlmutter | перламутръ | macica perłowa.
permes' permettre | permit, allow | erlauben | позволять | pozwalać.

for′permes′ donner congé | give furlough | beurlauben | отпускать | zwalniać, dać urlop.
peron′ perron | stoop, front-steps | Freitreppe, Perron | крыльцо | peron.
persekut′ poursuivre, persécuter | persecute | verfolgen | преследовать | prześladować.
persik′ pêche (fruit) | peach | Pfirsiche | персикъ | brzoskwinia.
persist′ persévérer | persist | beharren | настаивать | nalegać.
person′ personne (la) | person | Person | особа, лицо | osoba, persona.
   person′a personnel | personal | persönlich | личный | osobisty.
pes′ peser (prendre le poids) | weigh (vb. act.) | wägen | взвѣшивать | ważyć (kogo, co).
   pes′il′ balance | balance, pair of scales | Wage | вѣсы | waga.
pest′ peste (la) | plague | Pest | чума | zaraza.
pet′ prier (quelqu'un) | request, beg | bitten | просить | prosić.
petol′ faire le polisson, faire des espiègleries | be petulant, be arch | muthwillig sein | шалить | dokazywać, swawolić.
petrol′ petrole | coal-oil, kerosene | Erdöl, Petroleum | нефть | nafta.
petromiz′ lamproie | lamprey | Neunauge | минога | minoga.
petrosel′ persil | parsley | Petersilie | петрушка | pietruszka.
pez′ peser (avoir tel poids) | weigh (vb. neut.) | wiegen | вѣсить (имѣть вѣсъ) | ważyć (mieć wagę).
   pez′il′ poids | weight | Gewicht (zum Wägen) | гиря | ciężarek, ważka.
pi′ pieux | pious | fromm | благочестивый, набожный | pobożny.
pice′ sapin | fir-tree | Edeltanne | пихта | jodła.
pied′ pied | foot | Fuss, Bein | нога | noga.
   pied′ing′ étrier | stirrup | Steigbügel | стремя | strzemię.
piedestal′ piédestal | pedestal | Piedestal, Postament | пьедесталъ | postument.
pig′ pie (la) | magpie | Elster | сорока | sroka.
pik′ piquer; Pique | prick, sting; spade | stechen; Pik (in Karten) | колоть; пика | kłuć; pik.
   pik′il′ aiguillon, écharde | sting, thorn | Stachel | жало | żądło.
piked′ piquet | picket | Piquet | пикетъ | pikieta.
pilk′ balle (à jouer) | ball (to play with) | Ball (Spiel-) | мячикъ | piłka.
pilol′ pilule | pill | Pille | пилюля | pigułka.
pilot′ pilote-côtier | pilot, loadsmann | Lootsmann | лоцманъ | locman.
pin′ pin | pine-tree | Fichte | сосна | sosna.
pinĉ′ pincer | pinch | kneifen | щипать | szczypać.
pingl′ épingle | pin | Stecknadel, Tangel | булавка, хвоя | szpilka.
pini′ pignon | pine-tree | Pinie | сибирскій кедръ | pinela.

pint' pointe, bout | point, tip, peak | Spitze | остріе, носокъ | wierzchołek, szczyt.
pionir' pionnier | pioneer | Pionnier | піонеръ | pionier.
pip' pipe | pipe (tobacco) | Pfeife (Tabaks-) | трубка | fajka, lulka.
pipr' poivre | pepper | Pfeffer | перецъ | pieprz.
pips' pépie | pip | Pips (Krankheit der Vögel)) | типунъ | pypeć.
pir' poire | pear | Birne | груша | gruszka.
pirit' gravier, pyrite | gravel, pyrites | Kies | колчеданъ | żwir.
pirol' bouvreuil | bullfinch | Dompfaff | снигирь | gil.
piroz' fer-chaud | heartburn | Sodbrennen | изжога | zgaga.
pist' piler, broyer | pound, bruise | kleinstossen | толочь | tłuc.
piŝt' piston | piston, sucker | Kolben | поршень | kolba.
pistak' pistache | pistachio-nut | Pistacie | фисташка | pistacya.
pistol' pistolet | pistol | Pistole | пистолетъ | pistolet.
piz' pois | pea | Erbse | горохъ | groch.
plac' place (publique) | public square | Platz | площадь | plac.
plaĉ' plaire | please | gefallen | правиться | podobać się.
plad' plat (un) | plate | Schüssel | блюдо | półmisek.
plafon' plafond | ceiling | Zimmerdecke | потолокъ | sufit.
plan' plan | plan | Plan | планъ | plan.
pland' plante du pied, semelle | sole (of the foot | Sohle | подошва | podeszwa.
planed' planète | planet | Planet | планета | planeta.
plank' plancher | floor | Fussboden | полъ | podłoga.
plant' planter | plant (vb.) | pflanzen | сажать, насаждать | sadzić.
plastr' emplâtre | plaster | Pflaster (medic.) | пластырь | plaster.
plat' plat, plate | flat, plain | flach | плоскій | płaski.
platen' platine | platina | Platina | платина | platyna.
plaŭd' battre, claquer | splash, clap | plätschern, klatschen | плескать | klaskać.
plej le plus | most | am meisten | наиболѣе | najwięcej.
plekt' tresser | weave, plait | flechten | плесть | pleść.
plen' plein | full | voll | полный | pełny.
   plen'aĝ' majeur | of full age | mündig | совершеннолѣтній | pełnoletni.
   plen'um' accomplir | accomplish | erfüllen | исполнять | spełniać.
plend' plaindre, se plaindre | complain | klagen | жаловаться | skarżyć się.
plet' plateau | teaboard | Präsentirteller | подносъ | taca.
plezur' plaisir | pleasure | Vergnügen | удовольствіе | przyjemność.
pli plus | more | mehr | больше | więcej.
plik' plique | plica | Weichselzopf | колтунъ | kołtun.
plor' pleurer | mourn, weep | weinen | плакать | płakać.
plot' gardon | roach | Plötze | плотва, плотица | płotka.

plu de plus | farther, further | weiter, ferner | дальше | dalej.
plug' labourer | plough | pflügen | пахать | orać.
plum' plume | pen | Feder | перо | pióro.
plumb' plomb | lead (metal) | Blei | свинецъ | ołów.
pluŝ' peluche | plush | Plüsch | плюшъ | plusz.
pluv' pluie | rain | Regen | дождь | deszcz.
po numéral distributif qui a le sens de : par, au taux de, sur le pied de | by (with numbers) | (bei Zahlwörtern) zu | по (при числительныхъ) | po (przy liczebnikach).
poent' point | stitch, point | Point | очко | oczko.
pokal' bocal, gobelet | cup, goblet | Becher | бокалъ | puhar, kielich.
polic' police | police | Polizei | полиція | policya.
poligon' blé noir, sarrasin | buckwheat | Buchweizen | греча | gryka.
polur' poli | polish, politure | Glanz, Politur | политура, лоскъ | politura.
polus' pôle | pole | Pol | полюсъ | biegun.
polv' poussière | dust | Staub | пыль | kurz.
pom' pomme | apple | Apfel | яблоко | jabłko.
   ter'pom' pomme de terre | potatoe | Kartoffel | картофель | kartofel.
ponard' poignard | dagger, poniard | Dolch | кинжалъ | kindżał.
   ponard'eg' épieu, pique | spear, lance | Pike, Spiess | копье | pika.
pont' pont | bridge | Brücke | мостъ | most.
popl' peuplier | poplar | Pappel | тополь | topola.
popol' peuple | people | Volk | народъ | naród.
   popol'amas' populace | mob, populace | Pöbel | чернь | pospólstwo, gmin.
por' pour, en faveur de | for | für | для, за | dla, za.
porcelan' porcelain | porcelain | Porzellan | фарфоръ | porcelana.
porci' portion | portion | Portion | порція | porcya.
pord' porte | door | Thür | дверь | drzwi.
   pord'eg' porte cochère | gate | Thor | ворота | brama.
porfir' porphyre | porphyry | Porphyr | порфиръ | porfir.
pork' cochon | hog | Schwein | свинья | świnia.
port' porter | pack, carry | tragen | носить | nosić.
   al'port' apporter | bring | bringen | приносить | przynosić.
   el'port' supporter | bear, support | ertragen | выносить | znosić.
porter' double bière | porter | Porter | портеръ | porter.
portret' portrait | portrait | Portrait | портретъ | portret.
poŝ' poche | pocket | Tasche | карманъ | kieszeń.
posed' posséder | possess | besitzen, mächtig sein | владѣть | posiadać.
post après | after, behind | nach, hinter | послѣ, за | po, za, poza, potem.

poŝt' poste (la) | post | Post | почта | poczta.
    sign'o de poŝt'o timbre-poste | postage-stamp | Briefmarke | марка | marka.
posten' poste | post | Posten | постъ, мѣсто | stanowisko.
postul' exiger, requérir | require, claim | fordern | требовать | żądać.
pot' pot | pot | Topf | горшокъ | garnek.
potas' potasse | potash | Pottasche | поташъ | potaż.
potenc' puissance | might, power | Macht | могущество | władza, siła, potęga.
pov' pouvoir | be able, can | können | мочь | módz.
pra' primitiv, bis- | primordial, great- | ur- | пра- | pra-.
praktik' pratique | practic | Praxis | практика | praktyka.
pram' prame | prame | Prahm | паромъ | prom.
prav' qui a raison, qui est dans le vrai | right (to be in the right) | Recht habend | правый (напр. я правъ) | mający słuszność.
precip' principalement, surtout | particularly | besonder, vorzüglich | преимущественно | szczególnie, przedewszystkiem.
preciz' précis, juste | precise | genau, eben | точный | dokładny, ścisły.
predik' prêcher | preach | predigen | проповѣдывать | kazać (mieć kazanie).
predikat' attribut | attribute | Prädikat | сказуемое | orzeczenie.
prefer' préférer | prefer | vorziehen | предпочитать | przekładać.
preĝ' prier (Dieu) | pray | beten | молиться | modlić się.
prem' presser, comprimer | press | drücken, pressen | давить | cisnąć, uciskać.
premi' prime | premium, prize | Prämie | премія | premia.
pren' prendre | take | nehmen | брать | brać.
    pren'o levée | trick | Stich (Kartensp.) | взятка (въ картахъ) | lewa, wziątka.
    pren'il' tenailles | tongs | Zange | щипцы | szczypce.
prepar' préparer | prepare | bereiten, zubereiten | готовить | przygotowywać.
prepozici' préposition | preposition | Vorwort, Präposition | предлогъ | przyimek.
pres' imprimer | print (vb.) | drucken, prägen | печатать | drukować.
preskaŭ presque | almost | fast, beinahe | почти | prawie.
pret' prêt, disposé | ready | fertig | готовый | gotowy.
pretekst' prétexte | pretext | Vorwand | предлогъ, отговорка | pretekst, wymówka.
pretend' prétendre | pretend | Anspruch machen | прстендовать | pretendować, rościć prawa do czego.
preter outre | beside, along | vorbei | мимо | mimo.

prez' prix | price | Preis | цѣна | cena.
prezent' présenter | present (vb.) | vorstellen | представлять | przedstawiać.
    re'prezent' représenter | represent | vertreten | быть представителемъ | reprezentować.
prezid' présider | preside | den Vorsitz haben, präsidiren | предсѣдательствовать | prezydować.
pri sur, touchant, de | concerning, about | von, über | о, объ | o.
primol' primevère | primrose | Schlüsselblume | баранчикъ (растеніе) pierwiosnek.
princ' prince, souverain | prince | Fürst, Prinz | принцъ, князь | książe.
printemp' printemps | spring time | Frühling | весна | wiosna.
privat' privé, particulier | private | privat | частный | prywatny.
privilegi' privilège | privilege | Vorrecht | привиллегія | przywilej.
pro à cause de, pour | for the sake of | um—willen, wegen | ради | dla.
pro'cent' intérêt, pour cent | per cent | Procent | процентъ | procent, odsetka.
    pro'cent'eg' usure | usury | Wucher | лихоимство | lichwa.
proces' procès | lawsuit, process | Process | процесъ | proces, sprawa.
produkt' produire | produce | erzeugen | производить | produkować.
profesi' profession | profession | Profession, Gewerbe | профессія, занятіе | profesya.
profet' prophète | prophet | Prophet | пророкъ | prorok.
profit' profiter | profit, gain | gewinnen, Nutzen ziehen | имѣть барышъ | mieć korzyść.
profund' profond | deep | tief | глубокій | głęboki.
progres' avancer | advance, progress | fortschreiten | прогрессировать | postępować.
proklam' proclamer | proclaim | proklamiren | прокламировать | proklamować.
prokrast' remettre, retarder | delay, retard | aufschieben, verzögern | отсрочивать | prolongować.
proksim' proche, près de | near | nahe | близкій | blizki.
promen' se promener | walk, promenade | spazieren | прогуливаться | spacerować.
promes' promettre | promise | versprechen | обѣщать | obiecywać.
promontor' promontoire, cap | promontory, cape | Vorgebirge | мысъ | przedgórze.
pronom' pronom | pronoun | Fürwort | мѣстоименіе | zaimek.
propon' proposer, offrir | propose, suggest | vorschlagen | предлагать | proponować.

propr' propre (à soi) | own (one's own) | eigen | собственный | własny.
prosper' réussir | prosper | gelingen | удаваться | udać się.
prov' essayer | attempt, trial | versuchen, probiren | пробовать | próbować.
proverb' proverbe | proverb | Sprichwort | пословица | przysłowie.
provinc' province | province | Provinz | область, провинція | prowincya.
proviz' pourvoir, garnir de | provide | versehen, versorgen | запасать | robić zapasy.
prudent' prudent, raisonnable | prudent | verständig | благоразумный | rozsądny.
prujn' gelée blanche, frimas | rime, hoar frost | Reif (gefror. Thau) иней | szron.
prun' prune | plum | Pflaume | слива | śliwka.
prunel' prunell | sloe | Dornschlehe | терновникъ | tarnośliwa.
prunt' en prêt | lent, borrowed | leihen, borgen | взаймы | pożyczać.
pruv' prouver | prove, demonstrate | beweisen | доказывать | dowodzić.
publik' public | public | Publikum | публика | publika.
   publik'a public | public, common | öffentlich | публичный | publiczny.
pudel' barbet | spaniel | Pudel | пудель | pudel.
pudr' poudre | powder | Puder | пудра | puder.
pugn' poing | fist | Faust | кулакъ | kułak.
pul' puce | flea | Floh | блоха | pchła.
pulm' poumon | lung | Lunge | легкое | płuco.
pulv' poudre à tirer | gunpowder | Pulver (Schiess-) | порохъ | proch.
pulvor' poudre | powder | Pulver (zu Arznei u. drgl.) | порошокъ | proszek.
pumik' pierre-ponce | pumice-stone | Bimstein | пемза | pumeks.
pump' pomper | pump | pumpen | выкачивать насосомъ | pompować.
pun' punir | punish | strafen | наказывать | karać.
punc' ponceau | crimson red | ponceau | пунцовый | ponsowy.
punĉ' punch | punch | Punsch | пуншъ | poncz.
punkt' point | point | Punkt | точка, пунктъ | punkt, kropka.
   punkt'o'kom' point et virgule | semicolon | Semikolon | точка съ запятою | średnik.
   du'punkt' deux points | colon | Kolon | двоеточіе | dwukropek.
punt' dentelle | lace | Spitzen | кружево | koronka.
pup' poupée | doll | Puppe | кукла | lalka.
pupil' pupille (de l'œil) | pupil | Pupille | зрачекъ | źrenica.
pur' pur, propre | pure | rein | чистый | czysty.
purpur' pourpre | purple | Purpur | пурпуръ | purpura.

pus' pus | pus, matter | Eiter | гной | gnój, ropa, materya.
puŝ' pousser (impulsion) | push | stossen | толкать | pchać.
put' puits | well (subst.) | Brunnen | колодезь | studnia.
putor' putois, furet | pole-cat, ferret | Iltiss | хорекъ | tchórz.
putr' pourrir | rotten | faulen | гнить | gnić.

R

rab' piller | rob | rauben, plündern | грабить | rabować, grabić.
rabat' rabais, concession | rebate, discount | Rabatt | уступка, скидка | rabat, ustępstwo.
raben' rabbin | Jewish rabbi | Rabbiner | раввинъ | rabin.
rabot' raboter | plane | hobeln | стругать | strugać, heblować.
rad' roue | wheel | Rad | колесо | koło (od woza i t. p.).
radi' rayon (de lumière, de roue) | beam, ray | Strahl | лучъ | promień.
radik' racine | root | Wurzel | корень | korzeń.
rafan' raifort | radish | Rettig | рѣдька | rzodkiew.
rafin' raffiner | refine | raffiniren | рафинировать, изощрять | rafinować.
rajd' aller à cheval | ride | reiten | ѣздить верхомъ | jeździć konno.
rajt' droit (le) | right, authority | Recht, Befugniss | право | prawo, racya, słuszność.
rajt'ig' donner plein pouvoir | empower | bevollmächtigen | уполномочивать | upoważnić, umocować, dać plenipotencyę.
rakont' raconter | tell, relate | erzählen | разсказывать | opowiadać.
ramp' ramper | crawl | kriechen | ползать | pełzać.
ramp'aĵ' reptile | reptile | Reptil | пресмыкающееся | gad.
ran' grenouille | frog | Frosch | лягушка | żaba.
ranc' rance | rancid | ranzig | прогорклый | jełki, przygorzki.
rand' bord, extrémité | edge | Rand | край | brzeg.
rang' rang, rangée, dignité | rank, dignity | Rang | рангъ | ranga.
ranunkol' renoncule | ranunculus | Ranunkel | лютикъ | jaśkier.
rap' rave | turnip | Rübe | рѣпа | rzepa.
rapid' rapide, vite | quick, rapid | schnell | быстрый | prędki, bystry.
rapir' fleuret | foil | Rappier | рапира | rapir.
raport' rapporter | report | berichten, melden | доносить, докладывать | meldować.
rasp' râper | rasp | raspeln | терпужить | raszplować.
rast' râteler | rake | harken | грести, скребать | grabić.
rat' rat | rat | Ratte | крыса | szczur.
raŭk' rauque, enroué | hoarse | heiser | хриплый | ochrypły.

raŭp' chenille | caterpillar | Raupe | гусеница | gąsienica.
rav' ravir, enchanter | ravish | entzücken | восхищать | zachwycić.
raz' raser, faire la barbe | shave | rasiren | брить | golić.
re' de nouveau, de retour; re-, ré- | again, back | wieder, zurück | снова, назадъ | znowu, napowrót.
reciprok' mutuel, réciproque | mutual, reciprocal | gegenseitig | взаимный | wzajemny.
redakci' rédaction | digesting, compiling | Redaktion | редакція | redakcya.
redaktor' rédacteur | compiler, editor | Redakteur | редакторъ | redaktor.
reg' gouverner, régir | rule, reign | regieren | править | rządzić.
reg'at' sujet | subject | Unterthan | подданный | poddany.
reĝ' roi | king | König | король, царь | król.
regal' régaler, traiter | entertain, regale | bewirthen | угощать | ugościć.
regiment' regiment | regiment | Regiment | полкъ | półk.
region' région, territoire | region, dominion | Gebiet | область | obręb, okolica.
registr' registrer | register | registriren | регистрировать | rejestrować.
regn' l'Etat | kingdom | Staat | государство | państwo.
regol' roitelet | wren | Goldhähnchen | королекъ (птица) | złotnik, królik.
regul' règle (principe) | rule | Regel | правило | prawidło, reguła.
rekomend' recommander | recommend | empfehlen | рекомендовать | rekomendować, polecać.
rekompenc' recompenser | reward | belohnen | награждать | wynagradzać.
rekrut' recrue | recruit | Rekrut | рекрутъ | rekrut.
rekt' droit, direct | straight | gerade | прямой | prosty.
  mal'rekt' oblique | oblique, sloping | schief | косой | krzywy.
rel rail | rail | Schiene | рельса | szyna.
religi' religion | religion | Religion | вѣра, религія | religia.
rem' ramer | row (vb.) | rudern | грести (веслами) | wiosłować.
rembur' rembourrer, matelasser | quilt | polstern | набивать (мебель) | wyściełać.
rempar' rempart | rampart | Wall | валъ, окопъ | wał.
ren' rein | kidney | Niere | почка | nerka.
renkont' rencontrer | meet | begegnen | встрѣчать | spotykać.
rent' rente, revenu | rent | Rente | рента, доходъ | renta, dochód.
renvers' renverser | upset | umwerfen, umstürzen | опрокидывать | przewracać.
respekt' respect | respect | Respekt | почтеніе | uszanowanie, respekt.

respond' répondre | reply | antworten | отвѣчать | odpowiadać.
  respond'ec' responsable | responsal | Verantwortlichkeit | отвѣтственность | odpowiedzialność.
rest rester | remain | bleiben | оставаться | pozostawać.
restoraci' restaurant, auberge | eating-house | Speisehaus | рестораціа | restauracya.
ret' filet (de mailles) | net | Netz | сѣть | sieć, siatka.
rev' rêver, imaginer | fancy | träumen, schwärmen | мечтать | marzyć.
  dis'rev'iĝ' désenchantement | disenchanting | Enttäuschung | разочаровываться | rozczarować się.
rezerv' réserver | reserve | vorbehalten | сохранить на послѣ | zachować, zarezerwować.
rezin' résine | resin | Harz | смола | żywica.
rib' groseille | currant | Johannisbeere | смородина | porzeczka.
ribel' se révolter | revolt, rebel | aufstehen, sich empören | возставать | powstawać, rokoszować.
riĉ' riche | rich | reich | богатый | bogaty.
ricev' recevoir, obtenir | obtain, get, receive | bekommen | получать | otrzymać.
rid' rire | laugh | lachen | смѣяться | śmiać się.
rif' banc | reef, bank | Riff | рифъ | rafa, skała podwodna.
rifuĝ' se réfugier | refuge | Zuflucht nehmen | искать убѣжища | szukać schronienia.
rifuz' refuser | refuse | verweigern, abschlagen, abdanken | отказывать | odmawiać.
  rifuz'iĝ' renoncer | renounce, resign | verzichten | отказываться | wymówić się.
rigard' regarder | behold, look at | schauen | смотрѣть | patrzeć.
rigid' roide, rigide | stiff, rigid | starr | окоченѣлый | stężały, zdrętwiały.
rigl' verrouiller | bolt | verriegeln | запирать засовомъ | ryglować.
  rigl'il' verrou | bolt | Riegel | засовъ | rygiel.
rikolt' récolter, moissonner | reap | ernten, schneiden | жать, жинать | żąć, sprzątać.
  rikolt'il' faux, faucille | sickle | Sichel | серпъ | sierp.
rilat' concerner; avoir raport à | be related to | sich beziehen | относиться | odnosić się, tyczeć się.
rim' rime | rhyme | Reim | риѳма | rym.
rimark' remarquer | remark | merken, bemerken | замѣчать | zauważać, postrzegać.
rimed' moyen, expédient | means, remedy | Mittel | средство | środek.
rimen' courroie, lanière | strap | Riemen | ремень | rzemień.
ring' anneau | ring (subst.) | Ring | кольцо | pierścień.

ring'eg' cerceau | hoop, circle | Reif (am Fasse) | обручъ | obręcz.
rinocer' rhinocéros | rhinoceros | Nashorn | носорогъ | nosorożec.
rip' rive, côte | rib | Rippe | ребро | żebro.
ripet' répéter | repeat | wiederholen | повторять | powtarzać.
ripoz' reposer (se reposer) | repose | ruhen | отдыхать | odpoczywać.
riproĉ' reprocher | reproach | vorwerfen | упрекать | zarzucać.
risk' risquer | risk | wagen | рисковать | ryzykować.
risort' ressort | spring | Triebfeder | пружина | sprężyna.
river' rivière, fleuve | river | Fluss | рѣка | rzeka.
riverenc' révérence | reverence | Knicks | присѣдать, дѣлать реверансъ | dygać.
riz' riz | rice | Reis | рисъ | ryż.
rod' rade | road | Rhede | рейдъ | stanowisko okrętów.
romp' rompre, casser | break | brechen | ломать | łamać.
rond' rond, cercle | round, circle | Kreis | кругъ | koło.
ronk' ronfler | snore | schnarchen | храпѣть | chrapać.
ros' rosée | dew | Thau | poca | rosa.
rosmar' morse | waltron, morse | Wallross | моржъ | mors.
rosmaren' romarin | rosemary | Rosmarin | розмаринъ | rozmaryn.
rost' rôtir | roast | braten | жарить | piec, smażyć.
rostr' trompe | trunk | Rüssel | хоботъ | ryj, trąba (słonia).
rot' compagnie (de soldats) | troop | Rotte | рота | rota.
roz' rose | rose | Rose | роза | roża.
rozari' rosaire | rosary | Rosenkranz | четки | różaniec, paciorki.
rub' décombres, gravois | rubbish | Schutt | мусоръ | gruz.
ruband' ruban, cordon | ribbon | Band (das) | лента | wstążka.
ruben' rubis | ruby | Rubin | рубинъ | rubin.
rubrik' rubrique | rubric | Rubrik | рубрика | rubryka.
ruĝ' rouge | red | roth | красный | czerwony.
ruin' ruines | ruins, wrack | Ruine | развалины | rozwaliny, zwaliska.
   ruin'ig' ruiner | ruin | ruiniren | разорять | zniszczyć, rujnować.
rukt' renvoi de l'estomac, rot | ructation | Aufstossen | отрыжка | odbijanie.
rul' rouler | roll | wälzen, rollen | катать | toczyć.
   rul'o rouleau, cylindre | roller, cylinder | Walze | валикъ | walec.
rum' rhum | rum | Rum | ромъ | arak.
rust' rouille | rust | rostig | ржавчина | rdza.
ruz' rusé, astucieux | trick, ruse | listig | хитрый | chytry.

S, Ŝ

sabat' samedi | Saturday | Sonnabend | суббота | sobota.
sabl' sable | sand | Sand | песокъ | piasek.
    sabl'aj' banc de sable | flat | Sandbank | мель | mielizna.
ŝaf' bélier, mouton | sheep | Schaf | баранъ | owca.
safir' saphir | saphire | Saphir | санфиръ | szafir.
safran' safran | saffron | Safran | шафранъ | szafran.
sag' flèche | arrow | Pfeil | стрѣла | strzała.
saĝ' sage, sensé | wise | klug, vernünftig | умный | mądry.
sagac' subtil; argutieux | subtle, crafty, sharp | spitzfindig | замысловатый | przebiegły.
ŝajn' sembler | seem | scheinen | казаться | wydawać się.
sak' sac | sack | Sack | мѣшокъ | worek.
ŝak' échecs (jeu) | chess | Schachspiel | шахматы | szachy.
ŝakal' chacal | jackal | Schakal | шакалъ | szakal.
sakr' épine du dos | back-bone | Kreuzbein | крестецъ | kość krzyżowa.
sal' sel | salt | Salz | соль | sól.
ŝal' châle | shawl | Shawl | шаль | szal.
salajr' salaire, appointements | wages, salary | Gehalt, Gage | жалованье | pensya.
salamandr' salamandre | salamander | Molch | саламандра | salamandra.
sal'amoniak' sel ammoniac | sal ammoniac | Salmiak | нашатырь | salmiak.
salat' salade | salad, sallet | Salat | салатъ | sałata.
salik' saule | willow | Weidebaum | верба | wierzba.
salm' saumon | salmon | Lachs | лосось, семга | łosoś.
ŝalm' chalumeau | shalm | Schalmei | свирѣль | świstawka.
salon' salon | saloon | Salon | залъ | salon
salpetr' salpêtre | saltpetre | Salpeter | селитра | saletra.
salt' sauter, bondir | leap, jump | springen | прыгать | skakać.
salut' saluer | salute, greet | grüssen | кланяться | kłaniać się.
salvi' sauge | sage | Salvei, Salbei | шалфей | szałwia.
sam' même (qui n'est pas autre) | same | selb, selbst (z. B. derselbe, daselbst) | же, самый (напр. тамъ же, тотъ самый) | że, sam (np. tamże, ten sam).
ŝam' peau de chamois | shamoy-leather | sämisches Leder | замша | zamsza.
sambuk' sureau | elder | Hollunder | бузина | bez.
san' sain, en santé | healthy | gesund | здоровый | zdrowy.

ŝancel' chanceler | totter | bewegen, wankend machen | колебать | chwiać, powiewać.
sang' sang | blood | Blut | кровь | krew.
ŝanĝ' changer | change | tauschen, wechseln | мѣнять | zmieniać.
sankt' saint | holy | heilig | святой, священный | święty.
    sankt'ej' temple | temple | Tempel | храмъ | świątynia.
sap' savon | soap | Seife | мыло | mydło.
sardel' sardine | sardel | Sardelle | сардель, анчоусъ | sardela.
ŝarg charger (une arme à feu) | load (a gun, etc.) | laden (eine Flinte etc.) | заряжать (ружье) | nabijać (broń).
ŝarĝ' charger | charge, load | laden, aufladen, belasten | нагружать, обременять | obciążać, naładować.
sark' sarcler | weed | gäten | полоть | pielić.
ŝark' requin | shark, sea-dog | Haifisch | акула | haja, wilk morski.
sat' rassasié | satiated | satt | сытый | syty.
ŝat' estimer | esteem | viel halten, grossen Werth legen | дорожить | cenić, oceniać, szacować.
    mal'ŝat' négliger | neglect | gering schätzen, vernachlässigen | пренебрегать | zapoznawać.
satur' rassasier, assouvir | satiate, saturate | sättigen, tränken | насыщать | nasycać.
saŭc' sauce | sauce | Brühe, Sauce | соусъ | sos.
ŝaŭm' écume | foam | Schaum | пѣна | piana.
sav' sauver | save | retten | спасать | ratować.
sceptr' sceptre | sceptre | Scepter | скипетръ | berło.
sci' savoir | know | wissen | знать, вѣдать | wiedzieć.
    sci'ig' avertir, annoncer | announce, give notice | benachrichtigen | увѣдомлять | uwiadomić.
    sci'iĝ' apprendre | perceive | erfahren | узнавать | dowiedzieć się.
scienc' science | science | Wissenschaft | наука | nauka, wiedza.
sciur' écureuil | squirrel | Eichhorn | бѣлка | wiewiórka.
se si | if | wenn | если | jeżeli.
seb' suif | tallow | Schmalz, Talg | сало | smalec, łój.
sed mais | but | aber, sondern | но | lecz.
seg' scier | saw | sägen | пилить | piłować.
seĝ' chaise | seat | Stuhl | стулъ | krzesło.
sek' sec | dry | trocken | сухой | suchy.
sekal' seigle | rye | Roggen | рожь | żyto.
sekc' disséquer | dissect | seciren | вскрывать (трупъ) | rozkrawać, rozczłonkować.
sekret' secret | secret | Geheimniss | тайна | tajemnica.
sekretari' secrétaire | secretary | Sekretär | секретарь | sekretarz.
seks' sexe | sex | Geschlecht (männlich oder weiblich) | полъ (мужской или женскій) | płeć.

sekund' seconde | second | Sekunde | секунда | sekunda.
sekv' suivre | follow | folgen | слѣдовать | nastąpić.
sel' selle | saddle | Sattel | сѣдло | siodło.
    sel'i seller | saddle | satteln | сѣдлать | osiodłać.
ŝel' écorce, coque | shell | Schale, Rinde | скорлупа кора | skorupa.
    sen'ŝel'ig' écorcer, peler | shell, peel | schälen, abschälen | облуплять | obłupiać, obierać.
selakt' petit-lait | whey | Molken | сыворотка | serwatka.
ŝelk' bretelle | breeches-bearer | Hosenträger | подтяжки | szelki.
sem' semer | sow | säen | сѣять | siać.
    sem'o semence | seed | Samen | сѣмя | nasienie.
semajn' semaine | week | Woche | недѣля | tydzień.
sen sans | without | ohne | безъ | bez.
senc' sens, acception | sense | Sinn | смыслъ | znaczenie, sens.
send' envoyer | send | senden, schicken | посылать | posyłać.
sent' ressentir, éprouver (une impression) | feel, perceive | fühlen | чувствовать | czuć.
sentenc' sentence | sentence | Sentenz | изречение | sentencya, orzeczenie.
sep sept | seven | sieben | семь | siedm.
sepi' seiche (poisson) | cuttle-fish | Tintenwurm | каракатица | sepa, pław morski.
Septembr' Septembre | September | September | Сентябрь | Wrzesień.
serĉ' chercher | search | suchen | искать | szukać.
ŝerc' plaisanter | joke | scherzen | шутить | żartować.
serĝent' sergent | sergeant | Sergeant | сержантъ | sierżant.
seri' série | series | Reihe | рядъ, серія | serya.
serioz' sérieux | serious | ernst | сeріозный | ważny, poważny, na seryo.
serpent' serpent | serpent | Schlange | змѣя | wąż.
serur' serrure | lock (subst.) | Schloss (zum Schliessen) | замóкъ | zamek (od drzwi).
serv' servir (quelqu'un) | serve | dienen | служить | służyć.
servic' service | set of dishes, plates, etc. | Service | сервизъ | serwis.
servut' corvée | soccage | Frohne | барщина | pańszczyzna.
ses six | six | sechs | шесть | sześć.
sever' sévère | severe | streng | строгій | surowy, ostry, srogi.
sezon' saison | season | Jahrzeit, Zeit | сезонъ | sezon.
si soi, se | one's self | sich | себя | siebie.
    si'a son, sa | one's | sein | свой | swój.
ŝi elle | she | sie (Einzahl) | она | ona.
    ŝi'a son, sa | her | ihr | ся | jej.

sibl' siffler, frémir | hiss, whizz | zischen | шипѣть (о произношеніи) | sykać.
sid' être assis, siéger | sit | sitzen | сидѣть | siedzieć.
    kun'sid' séance, session | session | Sitzung | засѣданіе | posiedzenie, sesya.
sieĝ' assiéger | besiege | belagern | осаждать | oblegać.
sigel' sceller | seal (vb.) | siegeln | класть печать | pieczętować.
    'sigel'vaks' cire à cacheter | sealing-wax | Siegellack | сургучъ | lak.
sign' signe, marque | sign, token | Zeichen | знакъ | znak.
    post'sign' trace, vestige | trace, vestige, footstep | Spur | слѣдъ | ślad.
signal' signal | signal | Signal | сигналъ | sygnał.
signif' signifier | signify, mean | bezeichnen, bedeuten | означать | oznaczać.
silab' syllabe | syllable | Sylbe | слогъ | sylaba, zgłoska.
    silab'i épeler | to spell | buchstabiren | читать по слогамъ | sylabizować.
ŝild' bouclier | shield | Schild | щитъ | puklerz, tarcza.
silent' se taire | silent | schweigen | молчать | milczeć.
silik' silex, caillou | flint | Kieselstein | кремень | krzemień.
silk' soie | silk | Seide | шелкъ | jedwab.
silur' glanis | shad-fish | Wels | сомъ | sum.
silvi' fauvette | hedge-sparrow, linget | Grasmücke | малиновка | piegża, gajówka.
ŝim' se moisir | mould | schimmeln | плѣснѣть | pleśnieć.
simi' singe | monkey | Affe | обезьяна | małpa.
simil' semblable | like, similar | ähnlich | похожій | podobny.
simpl' simple | simple | einfach | простой | prosty, zwyczajny.
sincer' sincère | sincere | aufrichtig | чистосердечный | szczery.
ŝind' bardeau, échandole | shingle | Schindel | гонтъ | gont.
singult' avoir le hoquet | hiccough | schlucksen | икота | czkawka.
siojor' monsieur | Sir, Mr | Herr | господинъ | pan.
ŝink' jambon | bacon | Schinken | ветчина | wędlina.
ŝip' navire | ship | Schiff | корабль | okręt.
ŝir' déchirer | tear, rend | reissen | рвать | rwać.
siring' lilas | lilac | Flieder | сирень | bez.
ŝirm' couvrir, protéger | protekt | beschirmen | заслонять | zasłaniać.
sirop' sirop | syrup | Syrop | сиропъ | ulepek, syróp.
sitel' seau | bucket | Eimer | ведро | wiadro, ceber.
situaci' situation, position | situation | Lage | положеніе | sytuacya, położenie.
skabi' gale, déchet | scab, wastings | Krätze | чесотка | świerzbiączka.

skadr' escadron | squadron | Eskadron | эскадронъ | szwadron.
skal' échelle | scale | Massstab | масштабъ | miara (podziałka na mapie).
skapol' omoplate | omoplate, shoulderplate | Schulterbein | лопатка | łopatka.
skarab' scarabée | beetle | Käfer | жукъ | chrząszcz.
skarlat' écarlate | scarlet | Scharlach | скарлатина | szkarlatyna, płonica.
skarp' écharpe | scarf | Schärpe | шарфъ | szarfa.
skatol' boite | small box, case | Büchse, Schachtel | коробка | pudełko.
skerm' escrimer | fight, fence | fechten | фехтовать | fechtować się.
skiz' esquisser | sketch | skizziren | очертать, очеркъ | szkicować.
sklav' esclave | slave | Knecht | рабъ | niewolnik.
skolop' bécasse | snipe, wood-cock | Schnepfe | куликъ, бекасъ | bekas.
skorbut' scorbut | scurvy | Scorbut | цынга | szkorbut.
skorpi' scorpion | scorpion | Scorpion | скорпіонъ | niedźwiadek.
skrap' râcler, ratisser | shave, scrape | schaben | скоблить | skrobać.
skrib' écrire | write | schreiben | писать | pisać.
skrofol' scrofules | scrofula | Scropheln | золотуха | skrofuły, zołzy
sku' secouer | shake | schütteln | трясти | trząść.
skulpt' sculpter | sculpture | aushauen, schnitzen | ваять | rzeźbić.
   skulpt'il' ciseau | chisel | Meissel | рѣзецъ | dłóto.
skurĝ' fouet | scourge | Geissel, Plette | нагайка | bicz, nahajka.
skvam' écaille (de poisson) | scale (fish etc.) | Schuppe | чешуя | łuska.
ŝlim' limon, bourbe | slime, mire, mud | Schlamm | илъ, тина | muł, szlam.
ŝlos' fermer à clef | lock, fasten | schliessen | запирать на ключъ | zamykać na klucz.
   ŝlos'il' clef | key | Schlüssel | ключъ | klucz.
ŝmac' baiser | kiss | schmatzen | чмокать | czmokać.
ŝmerald' émeraude | emerald | Smaragd | смарагдъ | szmaragd.
ŝmir' oindre, graisser | smear | schmieren | мазать | smarować.
ŝnur' corde | string | Strick | веревка | sznur, powróz.
sobr' sobre | sober | nüchtern | трезвый | trzeźwy.
   mal'sobr'enivré | drunk | trunken, betrunken | пьяный | pijany.
societ' société | society | Gesellschaft | общество | społeczeństwo, towarzystwo.
sof' sofa | sofa | Sofa | софа | sofa.
soif' avoir soif | thirst | dursten | жаждать | pragnąć, doznawać pragnienia.
sojl' seuil | threshold | Schwelle | порогъ | próg.
sol' seul | only, alone | einzig, allein | единственный | jedyny.

soldat' soldat | soldier | Soldat | солдатъ | żołnierz, sołdat.
solen' solennel | solemn | feierlich | торжественный | uroczysty, solenny.
solv' résoudre | loosen, dissolve | auflösen | рѣшать, разрѣшать | rozwiązać.
somer' été | summer | Sommer | лѣто | lato.
son' sonner, rendre des sons, résonner | sound | tönen, lauten | звучать | brzmieć.
song' songe | dream | träumen | видѣть во снѣ | śnić.
sonor' tinter | give out a sound (as a bell) | klingen | звенѣть | brzęczeć.
son'serpent' serpent à sonnettes | rattle-snake | Klapperschlange | гремучая змѣя | grzechotnik.
sopir' soupirer après | fain, long for | sich sehnen | тосковать | tęsknić.
sopran' dessus (musique), discant | descant | Diskant | дискантъ | sopran, dyszkant.
sorb' humer | sip | schlürfen | хлебать | chlipać.
sorĉ' pratiquer la magie, la sorcellerie | witchcraft | zaubern | колдовать | czarować.
sorik' musaraigne | shrew-mouse | Spitzmaus | землеройка | kretomysz.
sorp' sorbe | sorb, service | Ebereschenbeere | рябина | jarzębina.
sort' sort, destinée | fate, lot | Schicksal | судьба | los.
ŝov' pousser, mener | shove | schieben | совать | suwać.
sovaĝ' sauvage | wild, savage | wild | дикій | dziki.
ŝovel' enlever avec une pelle | showel | schaufeln | сгребать (лопатой) | szuflować, kopać (łopatą).
spac' espace | room, space | Raum | пространство | przestrzeń.
ŝpalir' espalier | espalier | Spalier | шпалеръ | szpaler.
ŝpar' ménager, épargner | be sparing | sparen | сберегать | oszczędzać.
spat' éparvin, spath | spavin, spar | Spath | шпатъ | spat.
spec' espèce | kind, species | Art, Gattung | родъ, сортъ | rodzaj, gatunek.
spegul' miroir | looking-glass | Spiegel | зеркало | zwierciadło.
spert' expérimenté | expert | erfahren, bewandert | опытный | doświadczony.
spez' virement | spend | Umsatz | оборотъ | obrót.
    el'spez' dépenser | spend (expenses) | verausgaben | расходовать wydawać.
    en'spez' avoir des revenus | have revenues | lösen (Geld), Einkünfte haben | имѣть доходъ | mieć dochód.
spic' épice | spice | Gewürz | пряность | przyprawa, korzenie.
spik' épi | ear head (of corn, etc.) | Aehre | колосъ | kłos.

spin' épine du dos, échine | spine, back-bone | Rückgrat | хребетъ | grzbiet.
spin' filer | spin | spinnen | прясть | prząść.
spinac' épinards | spinach | Spinat | шпинатъ | szpinak.
spion' espion | spy | Spion | шпіонъ | szpieg.
spir' respirer | breathe | athmen | дышать | oddychać.
spirit' esprit | spirit | Geist | духъ | duch.
spit' en dépit de | in spite of | zum Trotz | на перекоръ | na przekór.
spong' éponge | sponge | Schwamm | губка | gąbka.
sprit' spirituel, ingénieux | wit | witzig | остроумный | dowcipny.
spron' éperon | spur | Sporn | шпора | ostroga.
spruc' jaillir | sprinkle | spritzen | брызгать | pryskać.
sput' cracher | spit | ausspeien, auswerfen | мокрота | plwocina.
śrank' armoire | cupboard | Schrank | шкафъ | szafa.
śraŭb' vis | screw | Schraube | винтъ | szruba.
stab' état-major | staff-officers | Stab (milit.) | штабъ | sztab.
stabl' tréteau | trestle | Gestell | станокъ | podstawa, osada.
staci' station | dépôt (railroad) | Station | станція | stacya.
   staci'dom' embarcadère | station, terminus | Bahnhof | вокзалъ | banhof, dworzec, foksal.
stal' étable | stable | Stall, Schoppen | стойло, сарай | stajnia.
ŝtal' acier | steel | Stahl | сталь | stal.
stamp' estampille, timbre | stamp, mark | stempeln | класть штемпель | stemplować.
stan' étain | tin | Zinn | олово | cyna.
   stan'i étamer | tin | verzinnen | лудить | pobielać.
standard' drapeau, étendard | flag | Fahne | знамя | chorągiew, znamię.
stang' perche (bois) | pole | Stange | шестъ | drąg.
star' être debout | stand | stehen | стоять | stać.
stat' état (manière d'être) | state, condition | Stand, Zustand | состояніе | stan.
ŝtat' État | State | Staat | штатъ | stan (państwo).
steb' piquer | quilt | steppen | строчить | pikować, cerować.
stel' étoile | star | Stern | звѣзда | gwiazda.
ŝtel' voler, dérober | steal | stehlen | красть | kraść.
step' lande, step | heath, desert | Steppe | степь | step.
sterk' fumier, engrais | dung, manure | Mist | навозъ | gnój.
sterled' sterlet (poiss.) | sterlet (fish) | Sterläd | стерлядь | czeczuga.
stern' étendre, coucher | lay on the ground | betten | стлать | słać.
stertor' râler | rattle | röcheln | хрипѣть (въ груди) | rzężeć.
stil' style | style | Stil | стиль, слогъ | styl.
stip' genêt | broom | Pfriemgrass | ковыль | trawa piórowa, narduszek.

ŝtip' bloc, billot | block, log | Klotz | колода, чурбанъ | kloc, pniak.
stof' stofe (mesure) | stofe (measure) | Stof (Hohlmass) | штофъ | sztof (miara).
ŝtof' étoffe | stuff, matter, goods | Stoff | вещество, матерія | materya.
stomak' estomac | stomach | Magen | желудокъ | żołądek.
ŝton' pierre | stone | Stein | камень | kamień.
ŝtop' boucher | stop, fasten down | stopfen | затыкать | zatykać.
strab'loucher | squint | schielen | косить (глазами) | zezem patrzeć.
strang' étrange, bizarre | strange | sonderbar | странный | dziwny, dziwaczny.
strat' rue | street | Strasse | улица | ulica.
streĉ' tendre, tirer | bend, strain, stretch out | spannen, anstrengen | напрягать | wyprężyć, wytężyć.
strek' rayer, biffer | streak, line | streichen | черкать | kreślić.
    strek'o trait | streak, stroke | Strich | черта | kreska.
stri' bande, raie | stripe, streak | Streifen | полоса | pas, pręga.
strig' hibou | owl | Eule | сова | sowa.
strik' grève | strike | Strike | стачка (работниковъ) | strejk.
ŝtrump' bas (vêtement) | stocking | Strumpf | чулокъ | pończocha.
strut' autruche | ostrich | Strauss (Vogel) | страусъ | struś.
student' étudiant | student | Student | студентъ | student.
stuk' couvrir de stuc, crépir | parget | stuckaturen | штукатурить | sztukaterya.
stup' étoupe | tow | Hede | пакля | pacześ.
ŝtup' marche, échelon | step | Stufe | ступень | stopień.
    ŝtup'ar' escalier, échelle | staircase | Treppe, Leiter | лѣстница | schody, drabina.
sturg' esturgeon | sturgeon | Stör | осетръ | jesiotr.
sturn' étourneau, sansonnet | starling | Star (Vogel) | скворецъ | szpak.
ŝu' soulier | shoe | Schuh | башмакъ | trzewik.
sub sous | under, beneath, below | unter | подъ | pod.
subit' subit, soudain | sudden | plötzlich | внезапный | nagły.
subjekt' sujet | subject | Subject | подлежащее | podmiot.
sublimat' mercure sublimé | sublimatum | Sublimat | сулема | sublimat.
substantiv' substantif | noun, substantive | Hauptwort | существительное | rzeczownik.
suĉ' sucer | suck | saugen | сосать | ssać.
sud' sud | south | Süden | югъ | południe.
sufer' souffrir, endurer | suffer | leiden | страдать | cierpieć.
sufiĉ' suffisant | sufficient | genug | довольно, достаточно | dosyć, dostatecznie.
sufok' suffoquer, étouffer | suffocate | ersticken (act.) | душить | dusić, zadusić.

suk' jus, suc | sap, juice | Saft | сокъ | sok.
sukcen' succin, ambre jaune | amber | Bernstein | янтарь | bursztyn.
sukces' avoir du succès | success | Erfolg haben | имѣть успѣхъ | mieć powodzenie, sukces.
suker' sucre | sugar | Zucker | сахаръ | cukier.
ŝuld' devoir (dette) | owe | schulden | быть должнымъ | być dłużnym.
sulfur' soufre | sulphur | Schwefel | сѣра | siara.
sulk' sillon | furrow | Furche, Runzel | борозда | brózda.
ŝultr' épaule | schoulder | Schulter | плечо | ramię.
sum' somme | sum | Summe | сумма | summa.
   re'sum' résumer | resume | resumiren | подводить итогъ | sumować.
sun' soleil | sun | Sonne | солнце | słońce.
   sun'flor' tournesol | girasol, turnsol | Sonnenblume | подсолнечникъ | słonecznik.
sup' soupe, potage | soup | Suppe | супъ | zupa.
super au-dessus de, sur (sans toucher) | over, above | über, oberhalb | надъ | nad.
   super'i surpasser | surpass, excel | übertreffen | превосходить | przewyższać.
   super'akv' inonder, submerger | overflow, deluge | überschwemmen | наводнять | zalewać.
   super'flu' superflu | superfluous | überflüssig | лишній | zbyteczny.
   super'jar' année bissextile | intercalary year | Schaltjahr | високосный годъ | rok przestępny.
superstiĉ' superstition | superstition | Aberglaube | суевѣріе | zabobon.
supoz' supposer | suppose | voraussetzen | предполагать | przypuścić, suponować.
supr' en haut | upper (adj.) | oben | вверху | na górze.
   supr'o sommet, cime | summit, peak | Gipfel | верхушка | szczyt, wierzchołek.
   supr'aĵ' surface | surface | Oberfläche | поверхность | powierzchnia.
sur sur (en touchant) | upon, on | auf | на | na.
surd' sourd | deaf | taub | глухой | głuchy.
surpriz' surprendre | surprise | überraschen | дѣлать сюрпризъ | niespodzianka, siurpriza.
surtut' redingote | over-coat | Rock | сюртукъ | surdut.
suspekt' suspecter, soupçonner | suspect | verdächtigen | подозрѣвать | podejrzewać.
ŝut' verser, répandre (pas pour les liquides) | discharge (corn, etc.) schütten | сыпать | sypać.

svat' rechercher en mariage, s'entremettre | intermeddle | freien, werben | сватать | swatać.
ŝvel' enfler | swell | schwellen | пухнуть | puchnąć.
sven' s'évanouir | faint, vanish | in Ohnmacht fallen | падать въ обморокъ | omdleć.
sving' brandiller | swing, toss | schwingen | махать | machać.
ŝvit' suer | perspire | schwitzen | потѣть | pocić się.

T

tabak' tabac | tobacco | Tabak | табакъ | tytóń.
taban' taon | gad-fly | Bremse (Fliege) | слѣпень | giez.
tabel' table, liste | table, index | Tabelle | таблица | tabelka.
tabl' table | table | Tisch | столъ | stół.
tabul' planche | tablet | Tafel, Brett | доска | deska, tablica.
taĉment' détachement | detachment | Abtheilung, Detachement | отрядъ | oddział.
taft' taffetas | taffety | Taffet | тафта | kitajka.
tag' jour | day | Tag | день | dzień.
tajlor' tailleur | tailor | Schneider | портной | krawiec.
taks' taxer | tax, appraise | abschätzen, taxiren | оцѣнивать | taksować.
talent' talent | talent | Talent | талантъ | talent.
tali' taille | tally | Taille | станъ | talia, figura.
talp' taupe | mole (animal) | Maulwurf | кротъ | kret.
tambur' tambour | drum | Trommel | барабанъ | bęben.
    tambur'i battre le tambour | drum | trommeln | барабанить | bębnić.
tamen pourtant, néanmoins | however, nevertheless | doch, jedoch | однако | jednak.
tan' tanner | tan | gärben | дубить | garbować, wyprawiać (skóry).
tapet' tapisserie, tenture | tapestry | Tapete | обои | obicia, tapety.
tapiŝ' tapis | carpet | Teppich | ковёръ | dywan.
tas' tasse | cup | Tasse | чашка | filiżanka.
taŭg' être bon pour..., convenir pour... | be fit for | taugen | годиться | być zdatnym.
tavol' couche, rangée | couch, bed, row | Schicht, Scheibe | слой | warstwa.
te' thé | tea | Thee | чай | herbata.
    te'kruĉ' théière | tea-pot | Theekanne | чайникъ | czajnik.
    te'maŝin' bouilloire | tea-kettle | Theemaschine | самоваръ | samowar.

ted' provoquer la satiété, ennuyer | tedious | Ueberdruss erregen | надоѣдать | dokuczać.
teg' mettre par-dessus, couvrir | overlay, cover | beziehen, überziehen | наволакивать | powłóczyć.
    teg'o taie | pillowcase, bedtick | Ueberzug | наволочка | powłoczka.
tegment' toit | roof | Dach | крыша | dach.
    sub'tegment' galetas | garret | Boden, Dachstube | чердакъ | poddasze.
teks' tisser | weave | weben | ткать | tkać.
teler' assiette | plate | Teller | тарелка | talerz.
tem' thème | thema | Thema | тема, задача | temat, zadanie.
temp' temps (durée) | time | Zeit | время | czas.
tempi' tempe | temple (of forehead) | Schläfe | високъ | skroń.
ten' tenir | hold, grasp | halten | держать | trzymać.
    ten'il' manche, anse | touch, hold, handle | Stiel, Griff | рукоятка | rączka.
    de'ten' retenir | keep off, detain | enthalten, abhalten | удерживать | zatrzymywać.
    sub'ten' étayer, appuyer | prop, stay | stützen, unterhalten | поддерживать | podtrzymywać.
tend' tente, pavillon | tent, pavilion | Zelt | палатка | namiot.
tenden' tendon | tendon | Sehne | тетива, сухожиліе | ścięgno, żyła.
tent' tenter | tempt, try | prüfen, versuchen | искушать | kusić.
ter' terre | earth | Erde | земля | ziemia.
    en'ter'ig' ensevelir | bury | begraben | хоронить | pochować, pogrzebać.
    ter'kol' isthme | isthmus | Landenge | перешеекъ | międzymorze, przesmyk.
    ter'pom' pomme de terre | potato | Kartoffel | картофель | kartofel.
teras' terrasse | terrace | Terasse | терасса | taras.
terebint' térébenthine | turpentine | Terpentin | терпентинъ | terpentyna.
termin' terme | term | Termin | терминъ | termin.
tern' éternuer | sneeze | niessen | чихать | kichać.
terur' terreur, effroi | terror | Schrecken | ужасъ | przerażenie.
testament' testament | testament | Testament | завѣщаніе | testament.
testik' testicule | testicle | Ei (anatom.) | ячко (анатом.) | jajko.
testud' tortue | tortoise | Schildkröte | черепаха | żółw.
tetan' tetanos | tetanus | Starrkrampf | столбнякъ | tężec.
tetr' tétras, coq de bruyère | grouse | Birkhahn | тетеревъ | cietrzew.
tetra' gélinotte de bois | hazel-hen | Haselhuhn | рябчикъ | jarząbek.

tez' thèse | thesis | Satz, Thesis | положеніе, тезисъ | teza.
tia tel | such | solcher | такой | taki.
tial c'est pourquoi | therefore | darum, deshalb | потому | dla tego.
tiam alors | then | dann | тогда | wtedy.
tibi' os de la jambe, tibia | shin bone | Schienbein | голень | goleń.
tie là-bas, là, y | there | dort | тамъ | tam.
tiel ainsi, de cette manière | thus, so | so | такъ | tak.
tigr' tigre | tiger | Tiger | тигръ | tygrys.
tikl' chatouiller | tickle | kitzeln | щекотать | łechtać.
tili' tilleul | lime-tree | Linde | липа | lipa.
tim' craindre | fear | fürchten | бояться | obawiać się.
timian' thym | thyme | Thymian | ѳиміамъ | macierzanka.
timon' timon | thill, coach-beem | Deichsel | дышло | dyszel.
tine' teigne | moth | Motte | моль | mól.
tint' tinter | chink, clank, jingle | klirren | бряцать | brząkać.
tio cela | that one | das, jenes | то, это | to, tamto.
tiom autant, tant | so much | so viel | столько | tyle.
tir' tirer | draw, pull, drag | ziehen | тянуть | ciągnąć.
    kun'tir' astreindre | astringe | zusammenziehen, adstringiren | стягивать | ściągać.
titol' titre | title | Titel | титулъ | tytuł.
tiu celui-là | that | jener | тотъ | tamten.
tol' toile | linen | Leinwand | полотно | płótno.
    tol'aĵ' linge | linen | Wäsche | бѣлье | bielizna.
toler' tolérer | tolerate | toleriren | терпѣть | tolerować, cierpieć.
tomb' tombe | tomb | Grab | могила | grób, mogiła.
tombak' tombac | pinchbeck | Tomback | томпакъ | tombak.
ton' ton, son, | tune, sound | Ton | тонъ | ton.
tond' tondre | clip, shear | scheeren | стричь | strzydz.
    tond'il' ciseaux | scissors | Scheere | ножницы | nożyce.
tondr' tonner | thunder | donnern | гремѣть | grzmieć.
topaz' topaze | topaz | Topas | топазъ | topaz.
torĉ' torche | torch | Fackel | факелъ | pochodnia.
tord' tordre | wind, twist | drehen, winden (z. B. Stricke) | крутить | kręcić.
torf' torf | turf | Torf | торфъ | torf.
torn' tourner (avec un tour) | turn (on a lathe) | drechseln | точить | toczyć.
tornistr' havresac | knapsack | Ranzen, Tornister | ранецъ | tornister.
tort' tourte | tart | Torte | тортъ | tort.
tra à travers | through | durch | черезъ, сквозь | przez (wskroś).
trab' poutre | beam (of wood) | Balken | бревно | belka.
traduk' traduire | translate | übersetzen | переводить | tłomaczyć.

traf' toucher le but | strike, meet, fall in with | treffen | попадать | trafić.
trańe' trachée-artère | wind-pipe | Luftröhre | дыхательное горло | tchawica.
trajt' trait | lineament, touch | Zug (Gesichts- etc.) | черта (напр. лица) | rys (twarzy).
trakt' négocier (faire des négociations) | transact | unterhandeln | вести переговоры | porozumiewać się, układać się.
tranĉ' trancher, couper | cut | schneiden | рѣзать | rżnąć.
    al'tranĉ' couper, tailler | cut out | zuschneiden | кроить | przykroić.
trankvil' tranquille | quiet | ruhig | спокойный | spokojny.
trans au-delà, trans- | across | jenseit, über | черезъ (надъ), пере- | przez, prze-.
tre très, fort, bien (adv.) | very | sehr | очень | bardzo.
tref' trèfle | club | Treff (Kartsp.) | трефы | tref (w kartach).
trem' trembler | tremble | zittern | дрожать | drżeć, trząść się.
tremol' tremble | asp | Espe | осина | osina.
tremp' tremper | dip, steep | tunken | макать | umoczyć.
tren' traîner | drag, trail | schleppen | влачить | wlec.
trezor' trésor | treasure | Schatz | сокровище | skarb.
tri trois | three | drei | три | trzy.
tribun' tribune | orator's pulpit | Rednerbühne | трибуна | trybuna, mównica.
tri'foli' trèfle | trefoil | Klee | трилистникъ | koniczyna.
trik' tricoter | knit | stricken | вязать (чулки) | robić pończochy.
trikot' tricot | cudgel, knit | Tricot | трико | trykot.
tril' tril, trille | trill | Triller | трель | tryl.
trink' boire | drink | trinken | пить | pić.
trip' tripes | tripes | Kaldaunen, Kutteln | потроха | bebechy, flaki.
tritik' froment | wheat | Weizen | пшеница | pszenica.
trivial' trivial | trivial | abgedroschen | избитый, пошлый | trywialny, gminny.
tro trop | too | zu, zu viel | слишкомъ | zbyt.
trog' auge | trough | Trog | корыто | koryto.
tromb' trombe | water-spout | wirbelwindartiger Orkan | смерчъ | zawierucha.
tromp' tromper, duper | deceive, cheat | betrügen | обманывать | oszukiwać.
tron' trône | throne | Thron | престолъ | tron.
tropik' tropique | tropic | Tropicus, Wendekreis | тропикъ | zwrotnik.
trot' trotter | trot | traben | бѣжать рысью | kłusować.
trotuar' trottoir | side-walk | Trottoir | тротуаръ | trotuar, chodnik.

tro'uz' abuser | abuse | missbrauchen | злоупотреблять | nadużywać.
trov' trouver | find | finden | находить | znajdować.
tru' trou | hole | Loch | дыра | dziura.
trud' contraindre de prendre | press upon, obtrude | dringen, aufdringen | навязывать | nalegać.
truf' truffe | truffle | Trüffel | трюфель | trufla.
trul' truelle | trowel | Kelle | лопатка | kielnia.
trumpet' trompette | trumpet | Trompete | труба (музык.) | trąba.
trunk' tronc, tige | trunk, stem | Stamm, Rumf | стволъ | pień, tułów.
    trunk'et tige, queue | stalk | Stengel | стебель | łodyga, trzonek.
trut' truite | trout | Forelle | форель | pstrąg.
tualet' toilette | toilet | Toilette | туалетъ | tualeta.
tub' tuyau | tube | Röhre | труба | rura.
tuber' tubérosité | bulb | Knolle | шишка, бугоръ | guz, opuszka.
tuf' touffe | tuft | Büschel | хохолъ, пучекъ | kosmek, pęczek.
tuj- tout de suite, aussitôt | immediate | bald, sogleich | сейчасъ | natychmiast.
tuk' mouchoir | cloth | Tuch (Hals-, Schnupf- etc.) | платокъ | chustka.
tul' tulle | tulle | Tüll | тюль | tiul.
tulip' tulipe | tulip | Tulpe | тюльпанъ | tulipan.
tumult' tumulte | tumult | Aufruhr | суматоха | zamięszanie.
tur' tour (édifice) | tower | Thurm | башня | wieża.
turban' turban | turban | Turban | тюрбанъ | turban.
turd' grive | thrush | Drossel | дроздъ | drozd.
turkis' turquoise | turquoise | Türkis | бирюза | turkus.
turment' tourmenter | torment | quälen, martern | мучить | męczyć.
turn' tourner | turn (vb.) | drehen, wenden | вращать, обращать | obracać.
turnir' tournoi | tourney | Turnier | турниръ | turniej, gonitwa.
turt' tourterelle | turtle-dove | Turteltaube | горлица | gruchawka.
tus' tousser | cough | husten | кашлять | kaszleć.
tuŝ' toucher | touch | rühren | трогать | ruszać, dotykać.
tut' entier, total | whole | ganz | цѣлый | cały.

U

u marque l'impératif | ending of the imperative in verbs | bezeichnet den Imperativ | означаетъ повелительное наклоненіе | oznacza tryb rozkazujący.

uj' qui porte, qui contient, qui est peuplé de; ex. **pom'** pomme—**pom'uj'** pommier; **cigar'** cigare — **cigar'uj'** porte-cigares; **Turk'** Turc—**Turk'uj'** Turquie | filled with; e. g. **ink'** ink — **ink'uj'** ink-pot; **pom'** apple—**pom'uj'** apple-tree; **Turk'uj'** Turkey | Behälter, Träger (d. h. Gegenstand worin... aufbewahrt wird,... Früchte tragende Pflanze, von... bevölkertes Land); z. B. **cigar'** Cigarre—**cigar'uj'** Cigarrenbüchse; **pom'** Apfel — **pom'uj'** Apfelbaum; **Turk'** Türke—**Turk'uj'** Türkei | вмѣститель, носитель (т. е. вещь, въ которой хранится..., растеніе несущее... или страна заселенная...); напр. **cigar'** сигара | **cigar'uj'** портъ-сигаръ; **pom'** яблоко—**pom'uj'** яблоня; **Turk'** Турокъ—**Turk'uj'** Турція | zawierający, noszący (t. j. przedmiot, w którym się coś przechowuje, roślina, która wydaje owoc, lub kraj, względem zaludniających go mieszkańców; np. **cigar'** cygaro—**cigar'uj'** cygarnica; **pom'** jabłko—**pom'uj'** jabłoń; **Turk'** turek—**Turk'uj'** Turcya.

ul' qui est caractérisé par telle ou telle qualité, telle façon d'être; ex. **bel'** beau—**bel'ul'** bel homme; **mal'jun'** vieux—**mal'jun'ul'** vieillard | person noted for...; e. g. **avar'** covetous—**avar'ul'** miser, covetous person | Person, die sich durch... unterscheidet; z. B. **jun'** jung—**jun'ul'** Jüngling; **avar'** geizig—**avar'ul'** Geizhals | особа отличающаяся даннымъ качествомъ; напр. **bel'** красивый—**bel'ul'** красавецъ; **avar'** скупой—**avar'ul'** скряга | człowiek, posiadający dany przymiot; np. **riĉ'** bogaty—**riĉ'ul'** bogacz.

ulcer' ulcère | ulcer | Geschwür | язва | wrzód, owrzodzenie.

ulm' orme | elm | Ulme, Rüster | вязъ | wiąz.

uln' aune | ell, yard | Elle | локоть | łokieć.

um' suffixe peu employé, et qui reçoit différents sens aisément suggérés par le contexte et la signification de la racine à laquelle il est joint | this syllable has no fixed meaning | Suffix von verschiedener Bedeutung | суффиксъ безъ постояннаго значенія | przyrostek, nie mający stałego znaczenia.

umbilik' nombril | navel | Nabel | пупъ | pępek.

unc' once | ounce | Unze | унція | uncya.

ung' ongle | nail (finger) | Nagel (am Finger) | ноготь | paznokieć.

ung'eg' griffe, serre | claw, clutch | Kralle | коготь | pazur.

uniform' uniforme | uniform | Uniform | мундиръ | mundur, uniform.

univers' univers | universe | Weltall | вселенная | wszechświat.

universal' universel | universal | allgemein | всеобщій | ogólny, uniwersalny.

universitat' université | university | Universität | университетъ | uniwersytet.

unu un | one | ein, eins | одинъ | jeden.

ur' ure, bœuf sauvage | ure-ox, wid-bull | Auerochs | зубръ | żubr.
urb' ville | town | Stadt | городъ | miasto.
    antaŭ'urb' faubourg | suburb | Vorstadt | предмѣстье | przedmieście.
urin' uriner | piss | pissen | мочиться | urynować.
urn' urne | urn | Urne | урна | urna.
urogal' coq de bruyère | wild cock | Auerhahn | глухарь | głuszec.
urs' ours | bear (animal) | Bär | медвѣдь | niedźwiedź.
urtik' ortie | nettle | Nessel | крапива | pokrzywa.
us marque le conditionnel (ou le subjonctif) | ending of conditional in verbs | bezeichnet den Konditionalis (oder Konjunktiv) | означаетъ условное наклоненіе | oznacza tryb warunkowy.
uter' matrice | matrix | Gebärmutter | матка (анат.) | macica.
util' utile | useful | nützlich | полезный | pożyteczny.
    mal'util' nuisible | noxious | schädlich | вредный | szkodliwy.
uz' employer | use | gebrauchen | употреблять | używać.
    uz'aĵ' outils | furniture | Geräthschaft | утварь | sprzęt.
    tro'uz' abuser | abuse | missbrauchen | злоупотреблять | nadużywać.
uzurp' usurper | usurp | usurpiren | беззаконно захватывать | uzurpować.

V

vafl' gaufre, oublie | wafer | Waffel | вафля | wafel.
vag' vaguer | rove, extravagate | herumschweifen | бродить, шляться | włóczyć się.
vagon' wagon | waggon | Wagon | вагонъ | wagon.
    vagon'ar' train | train | Zug (Bahn-) | поѣздъ | pociąg.
vakcini' airelle rouge | red bilberry | Preisselbeere | брусника | borówka czerwona.
vaks' cire | wax | Wachs | воскъ | wosk.
    vaks'tol' toile cirée | cerecloth, oil cloth | Wachsleinwand | клеенка | cerata.
    sigel'vaks' cire à cacheter | sealing-wax | Siegellack | сургучъ | lak.
val' vallée | valley | Thal | долина | dolina.
valiz' valise | valise | Felleisen | чемоданъ | waliza.
vals' valse | waltz | Walzer | вальсъ | walc.
van' vain | vain, needless | vergeblich | напрасный | daremny.
vang' joue | check | Wange | щека | policzek.
    vang'har'o'j favoris | whiskers | Backenbart | бакенбарды | faworyty.

vanil' vanille | West-India nut | Vanille | ваниль | wanilia.
vant' vain, frivole | vain | eitel | суетный | czczy, marny.
vapor' vapeur | steam | Dampf | паръ | para.
varb' enrôler, engager | list, levy | werben (z. B. zu Kriegsdiensten) | вербовать | werbować, zaciągać.
variol' variole | smallpox | Blattern, Pocken | оспа | ospa.
varm' chaud | warm | varm | теплый | ciepły.
    mal'varm'um' se refroidir | catch cold | sich erkälten | простудиться | przeziębić się.
vart' soigner | take care | warten, pflegen | нянчить, ухаживать | pielęgnować, piastować.
vasal' vassal | vassal | Vasall | вассалъ | dannik, wasal.
vast' vaste, étendu | wide, vast | weit, geräumig | обширный, просторный | obszerny.
    mal'vast' étroit | strait, angust | eng | тѣсный | ciasny.
    vast'ig' répandre | spread | verbreiten | распространять | rozszerzać, rozprzestrzeniać.
vat' ouate | wad | Watte | вата | wata.
vaz' vase | vase | Gefäss | сосудъ | naczynie.
ve! malheur! | wo, woe! | wehe! | увы! | och!
veget' végéter | vegetate | vegetiren | прозябать | wegetować.
vejn' veine | vein | Ader | жила, вена | żyła.
vek' réveiller, éveiller | wake, arouse | wecken | будить | budzić.
vekt' fléau | flail | Schulterjoch, Wagebalken | коромысло | bela wagowa.
vel' voile | sail (subst.) | Segel | парусъ | żagiel.
velen' vélin | vellum | Velin | веленевая бумага | papier welinowy.
velk' se faner, se flétrir | fade | welken | вянуть | więdnąć.
velur' velours | velvet | Sammet | бархатъ | aksamit.
ven' venir | come | kommen | приходитъ | przychodzić.
    de'ven' descendre | descend | abstammen | происходить | pochodzić.
vend' vendre | sell | verkaufen | продавать | sprzedawać.
vendred' vendredi | Friday | Freitag | пятница | piątek.
venen' poison | poison | Gift | ядъ | trucizna.
veng' se venger | vengeance | rächen | мстить | mścić się.
venk' vaincre | conquer | siegen | побѣждать | zwyciężać.
vent' vent | wind | Wind | вѣтеръ | wiatr.
    vent'um' éventer | fan | fächeln | вѣять | wiać.
ventol' éventer, vanner | ventilate | ventiliren | вентилировать | wentylować, wietrzyć.
ventr' ventre | belly | Bauch | брюхо | brzuch.
ver' vérité | true | Wahrheit | истина | prawda.
verb' verbe | verb | Zeitwort | глаголъ | czasownik.
verd' vert | green | grün | зеленый | zielony.

verdigr' vert-de-gris | verdigris | Grünspan | мѣдянка | rdza miedziana, grynszpan.
verg' verge | rod | Ruthe | розга | rózga.
verk' composer, faire des ouvrages (littér.) | work (literary) | verfassen, schreiben (Bücher etc.) | сочинять | tworzyć, układać, pisać (dzieło).
verm' ver | worm | Wurm | червь | robak.
vermiĉel' vermicelle | vermicelli | Nudel | лапша | makaron.
vers' vers | verse | Vers | стихъ | wiersz.
verŝ' verser | pour | giessen | лить | lać.
verst' verste | verst | Werst | верста | wiorsta.
vert' sommet de la tête | crown of the head | Scheitel (auf dem Kopfe) | темя, макушка | ciemię.
vertebr' vertèbre | chine-bone | Wirbel (Rücken-) | позвонокъ | kręg.
vertikal' vertical | vertical | senkrecht | вертикальный | pionowy.
veruk' verrue | wart | Warze | бородавка | brodawka.
vesp' guêpe | wasp | Wespe | oca | osa.
vesper' soir | evening | Abend | вечеръ | wieczór.
vespert' chauve-souris | bat | Fledermaus | летучая мышь | nietoperz.
vest' vêtir, habiller | clothe | ankleiden | одѣвать | odziewać, ubierać.
vest'o habit | clothes | Kleid | платье | ubiór, odzież.
vestibl' vestibule | floor | Hausflur | сѣни | sień.
veŝt' gilet | vest | Weste | жилетка | kamizelka.
vet' parier | bet, wager | wetten | биться объ закладъ | założyć się.
veter' temps (température) | weather | Wetter | погода | pogoda.
vetur' aller, partir, à l'aide d'un véhicule quelconque : bateau, voiture, etc. | journey, travel | fahren | ѣхать | jechać.
vezik' vessie | blister, bladder | Blase | пузырь | pęcherz.
vezir' vizir | visier | Vezier | визирь | wezyr.
vi vous, toi, tu | you | Ihr, du, Sie | вы, ты | wy, ty.
vi'a votre, ton | your | Ihr, euer, dein | вашъ, твой | wasz, twój.
viand' viande | meat, flesh | Fleisch | мясо | mięso.
viburn' aubier | sap | Schlingstrauch | калина | kalina.
vic' rang, série, tour | row, rank | Reihe, Reihenfolge | рядъ | rząd.
vid' voir | see | sehen | видѣть | widzieć.
vidv' veuf | widower | Wittwer | вдовецъ | wdowiec.
vigl' éveillé, vigilant | awake, gay, vigilant | munter | бодрый | czujny.
vikari' vicaire | vicar | Stellvertreter | намѣстникъ | zastępca.
vil' touffe, villosité | rag, tuft | Zotte | косма | kłak, kosmyk.
vilaĝ' village | village | Dorf | деревня | wieś.
vilaĝ'an' paysan | countryman | Bauer | крестьянинъ | wieśniak
vin' vin | vine | Wein | вино | wino.

vin'ber raisin | grape | Weintraube | виноградъ | winogrono.
sek'vin'ber raisin sec | raisin | Rosine | изюмъ | rodzynka.
vinagr' vinaigre | vinegar | Essig | уксусъ | ocet.
vind' tortiller | wind, twist | winden | пеленать | powijać.
vintr' hiver | winter | Winter | зима | zima.
viol' violette | violet | Veilchen | фіалка | fiołek.
violon' violon | violin | Geige | скрипка | skrzypce.
violonĉel' violoncelle | violoncello | Violoncell | віолончель | wiolonczela.
vip' fouet | whip | Peitsche | бичъ | bicz.
vipur' vipère | viper | Viper | ехидна | żmija.
vir' homme (sexe) | man | Mann | мужъ, мужчина | mężczyzna, mąż.
virg' virginal | virginal | jungfräulich | дѣвственный | dziewiczy.
   mal'virg'ig' déshonorer, violer | dishonour, violate, deflower | schänden (eine Jungfrau) | изнасиловать | zgwałcić, bezecnić
virt' vertu | virtue | Tugend | добродѣтель | cnota.
virtuoz' virtuose | virtuoso | Virtuos | виртуозъ | wirtuoz.
viŝ' essuyer | wipe | wischen | обтирать | ocierać.
viŝ'il' essuie-main | towel | Handtuch | полотенцо | ręcznik.
vitr' verre (matière) | glass (substance) | Glas | стекло | szkło.
okul'vitr'o lunettes | spectacles | Brille | очки | okulary.
vitriol' vitriol | vitriol | Vitriol | купоросъ | witryol.
viv' vivre | live | leben | жить | żyć.
vizaĝ' visage, figure | face | Gesicht | лицо | twarz.
vizier' visière | visor | Visir | забрало | przedoblicze.
vizit' visiter | visit | besuchen | посѣщать | odwiedzić, wizytować.
voĉ' voix | voice | Stimme | голосъ | głos.
voj' route, voie | way, road | Weg | дорога | droga.
vojaĝ' voyager | voyage | reisen | путешествовать | podróżować.
vok' appeler | call | rufen | звать | wołać.
vokal' voyelle | vowel | Vokal | гласная | samogłoska.
vol' vouloir | wish, will | wollen | хотѣть | chcieć.
volont' volontiers | willingly | gern | охотно | chętnie.
volum' tome, volume | volume | Band (der) | томъ | tom.
volupt' volupté | sensual pleasure | Wollust | сладострастіе | rozkosz, lubieżność
volv' rouler, enrouler | turn round, roll up | wickeln | вить | wić.
vom' vomir | vomit | sich erbrechen | рвать, блевать | wymiotować.
vort' mot | word | Wort | слово | słowo, wyraz.
vost' queue | tail | Schwanz, Schweif | хвостъ | ogon.
vual' voile | veil | Schleier | вуаль | wual.
vulkan' volcan | vulcan | Vulkan | вулканъ | wulkan.
vulp' renard | fox | Fuchs | лисица | lis.
vultur' vautour | vultur | Geier | коршунъ | sęp.
vund' blesser | wound | verwunden | ранить | ranić.

Z

zebr' zèbre | zebra | Zebra | зебра | dziki koń.
zenit' zénith | zenith | Zenit | зенитъ | zenit, szczyt.
zibel' zibeline | sable | Zobel | соболь | sobol.
zingibr' gingembre | ginger | Ingwer | имбирь | imbier.
zink' zinc | zinc | Zink | цинкъ | cynk.
zizel' zizel | zizel | Ziselmaus | сусликъ | suseł.
zon' ceinture | girdle | Gürtel | поясъ, кушакъ | pas.
zorg' avoir soin, prendre soin de | care, anxiety | sorgen | заботиться | troszczyć się.
    zorg'ant' tuteur | tutor | Vormund | опекунъ | opiekun.
    zorg'at' pupille | pupil | Pflegling | питомецъ | wychowaniec.
zum' bourdonner | hum, buzz | summen | жужжать | brzęczeć, mruczeć.

TABELO DE LA ENHAVO

ANTAŬPAROLO.. v

FUNDAMENTA GRAMATIKO de la LINGVO ESPERANTO EN KVIN LINGVOJ

    Grammaire (Gramatiko Franca). 1
    Grammar (— Angla) 7
    Grammatik (— Germana). 12
    Грамматика (— Rusa). 17
    Gramatyka (— Pola). 22

EKZERCARO . . . . 1 à 56
UNIVERSALA VORTARO. . . . . 1 à 96

54941. — Imprimerie Laucre, 9, rue de Fleurus, Paris.

Lightning Source UK Ltd.
Milton Keynes UK
UKHW022353191219
355711UK00007B/282/P